Bianca Feddersen Tanja Brock

Maya Astro-Cards

KÖNIGSFURT URANIA

Die in diesem Buch enthaltenen Informationen und Ratschläge wurden von den Autorinnen sorgfältig recherchiert und geprüft. Eine Garantie kann dennoch nicht übernommen werden. Die Informationen und Ratschläge sind außerdem nicht dazu gedacht, die Beratung durch einen Arzt oder Therapeuten zu ersetzen, sofern eine solche angezeigt ist. Eine Haftung der Autorinnen oder des Verlags ist ausgeschlossen.

Bibliographische Information der Deutschen Nationalbibliothek
Die Deutsche Nationalbibliothek verzeichnet diese Publikation in der Deutschen Nationalbibliographie; detaillierte bibliographische Daten sind im Internet über http://dnb.d-nb.de abrufbar.

Originalausgabe

Königsfurt-Urania Verlag GmbH, Ringstr. 32, D-24103 Kiel
www.koenigsfurt-urania.com • www.tarot-online.com

Umschlaggestaltung: Daniela Zietlow unter Verwendung von Illustrationen von Universe Secrets Illustration Bundle © Cosmic Stories Studio / Creative Market und Tribal Fusion Boho Goddess © vgorbash / stock.adobe.com
Projektleitung und Lektorat: Jennifer Lorenzen-Peth
Satz, Layout und Kartendesign: Daniela Zietlow, Hamburg
Printed in China by Hung Hing Off-Set-Printing Co. Ltd.

ISBN 978-3-86826-800-3 (Set: Booklet und Karten)

FSC www.fsc.org MIX Papier | Fördert gute Waldnutzung FSC® C017606

INHALT

Einführung 7

Vorwort 7
Magische Korrespondenz 10
Wer waren die Maya? 13
Die Maya-Astrologie und
ihre weiblich integrierte Zeitzählung 14
Die Magie der 13 im Maya-Kalender 15
Die Bedeutung von Sonne und Mond bei den Maya 16
Der Maya-Kalender (Tzolkin) 18
Das Kalendersystem der Maya 20
Die vier Elemente im Maya-Kalender 22
Die Archetypen 24
Die Zeitwellen 25
Die Töne 26
Portaltage und Seelenraum 28
Berechnung der Geburts-Zeit-Qualität, des Kin 31
Grafik des Tzolkin 35
Das Beziehungskreuz 38
Wie du dieses Kartendeck verwenden kannst 45

Die Karten ... 47

Portaltag ... 47
Welle ... 48
Wurzelrasse Rot – Element Erde ... 48
Wurzelrasse Weiß – Element Luft ... 52
Wurzelrasse Blau – Element Wasser ... 56
Wurzelrasse Gelb – Element Feuer ... 59

Die 20 Archetypen in chronologischer Reihenfolge ... 63

Roter Drache – IMIX ... 63
Weißer Wind – IK ... 67
Blaue Nacht – AKBAL ... 70
Gelber Samen – KAN ... 73
Rote Schlange – CHICCHAN ... 77
Weißer Weltenüberbrücker – CIMI ... 81
Blaue Hand – MANIK ... 85
Gelber Stern – LAMAT ... 88
Roter Mond – MULUC ... 92
Weißer Hund – OC ... 96
Blauer Affe – CHUEN ... 100
Gelber Mensch – EB ... 104
Roter Himmelswanderer – BEN ... 108
Weißer Magier – IX ... 112
Blauer Adler – MEN ... 116
Gelber Krieger – CIB ... 119

Rote Erde – CABAN 123
Weißer Spiegel – ETZNAB 127
Blauer Sturm – CAUAC 131
Gelbe Sonne – AHAU 135

Die 13 Töne in chronologischer Reihenfolge 139
Ton 1 – Magnetisch 139
Ton 2 – Lunar 140
Ton 3 – Elektrisch 142
Ton 4 – Selbstbestehend 143
Ton 5 – Oberton 145
Ton 6 – Rhythmisch 147
Ton 7 – Resonant 148
Ton 8 – Galaktisch 150
Ton 9 – Solar 151
Ton 10 – Planetar 153
Ton 11 – Spektral 154
Ton 12 – Kristall 156
Ton 13 – Kosmisch 157

Sonne und Mond – Zusatzkarten 160
Die (Zentral-) Sonne 160
Sonnenfinsternis 162
Vollmond 163
Neumond 165
Mondfinsternis 166

Legemuster 168

1. Impulskarte 168
2. Aktuelle Tages-Zeitqualität – Mayawelle deuten oder Portaltag 169
3. Dein Maya-Geburtshoroskop 171
3. Beziehungskreuz 173
4. Vision Quest 175
6. Maya-Medizinrad 177
7. Maya-Pyramide 179
8. Cosmic Love 182

Über die Autorinnen 184

Literaturhinweise 186

Bildnachweis 186

Grafik des Tzolkin 188

EINFÜHRUNG

Vorwort

Da war er, dieser Moment im Jahr 1997, als die eine Welt für mich zusammenbrach und sich gleichzeitig eine neue öffnete. Einer meiner besten Freunde, meine erste große Kinderliebe, als ich 6 Jahre alt war, verstarb plötzlich. Und er war es, der mich genau 13 Tage hintereinander in der Nacht besuchte, um mir immer wieder zu sagen, dass das Leben, das ich bislang führte, nicht für mich bestimmt sei.

Drei Monate später trennte ich mich von meinem damaligen Partner, wechselte den Job und zog in eine WG. Bei einer unserer WG-Partys kam ich mit einem Mann ins Gespräch, der gerade eine Zeit in Mexico verbracht hatte. Während dieses Gespräches fing mein Herz plötzlich an zu rasen, mir stiegen Tränen in die Augen und ich bekam ein so starkes Gefühl von Heimweh und eine extreme Sehnsucht, die mir fast die Luft zum Atmen nahm.

Als ich am nächsten Tag aufwachte, wusste ich genau, was ich zu tun hatte, und plante meine Reise nach Mittelamerika.

Zwei Tage vor meinem Abflug, ich wollte mir noch ein Buch für die Reise kaufen, fiel mir wortwörtlich ein Buch aus einem Regal in die Hände: »Der Maya Faktor« von José Argüelles. Ich hatte keine Ahnung, was es war, aber ich musste dieses Buch lesen.

In Mexico angekommen lernte ich in einem kleinen Ort an der Pazifikküste eine Familie kennen, die neben einer Autowerkstatt auch ein Schmuckgeschäft hatte und der Vater ein alter Maya-Schamane war. Ich hatte zu dieser Zeit keine Ahnung, was ein Schamane wirklich ist.

An meinem letzten Tag in diesem Ort lud mich die Familie bei sich zum Essen ein und der Vater, der Maya-Schamane, schenkte mir zum Abschied ein Silberamulett vom Sonnenstein mit den Worten: »Trag dies heraus in deine Welt.« Mit keiner Vorstellung, was seine Worte bedeuten sollten, beendete ich meine Reise, kehrte nach Deutschland zurück und versuchte weiterhin, aus dem Buch über den Maya-Kalender schlau zu werden. Ich war fasziniert von dem, was ich las, fand es aber zu kompliziert und unverständlich. Ich begann, dieses System selbst zu erfahren und meine Empfindungen, Erlebnisse und Erfahrungen dazu akribisch aufzuschreiben. Ich wusste in mir, dass diese Tausende von Jahre alte Kultur etwas entwickelt hat, was wir in dieser Zeit nutzen können.

Ein paar Jahre später, ich war schon selbständig und praktizierte immer noch das tägliche Erfahren und

Dokumentieren der Maya-Zeitqualitäten, traf ich auf einer Party einen Mann, der das Symbol meines Amulettes, das ich übrigens seit Mexico nahezu jeden Tag getragen hatte, auf seinem Bein tätowiert hatte. Wir kamen darüber ins Gespräch und er erzählte mir, dass er sich den Maya-Sonnenstein als Tattoo gewählt hat, weil er für ein Wissen steht, das seiner Meinung nach in unsere Welt getragen werden muss. In diesem Moment wusste ich, was der weise Mann in Mexico mir wirklich mit auf den Weg gegeben hatte.

Noch ein paar Jahre weiter und um viele Erfahrungen reicher hatte ich, auf Basis des alten Wissens, ein neues moderneres System der Maya-Astrologie konzipiert, mit dem ich mich in meiner Persönlichkeit entwickelt habe, um es jetzt in diese Welt hinauszutragen.

Und zusammen mit der westlichen Astrologie, die Tanja hier miteinbringt, haben wir etwas Magisches erschaffen, das es auf dieser Welt noch nicht gibt – ganz *Weltenüberbrücker* und *Magier* like!

Bianca Feddersen, Januar 2023

Magische Korrespondenz

Es gibt so viele verschiedene Spirituelle Lehren, Systeme und Methoden, doch je weiter und tiefer man sie studiert, begreift man, dass sie alle von einer Quelle schöpfen. Vom I Ging über Kabbala, vedischer oder chinesischer Astrologie, Chakrenlehre über Numerologie oder das jüngste Trend-System: Human Design, das sich eben genau einigen Weisheitslehren oder spirituellen Wissenschaften, wie u.a. auch der westlichen Astrologie bedient. Je näher man sich mit diesen Lehren auseinandersetzt, umso mehr erkennt man die magische Korrespondenz und Heiligkeit in allem, die Ähnlichkeiten und Überschneidungen wie sie beispielsweise die alte Maya-Astrologie und westliche Astrologie besitzen. In diesem Booklet arbeiten wir genau diese magische Korrespondenz heraus, und dabei haben wir auch einiges festgestellt, was wir unbedingt mit dir teilen wollen.

Nicht nur, dass sich die 12 Archetypen der 12 Sternzeichen ebenso in den 20 Archetypen der Maya-Astrologie wiederfinden. Wobei man hier für das Verständnis auch anmerken muss, dass hier manchmal nur ein Sternzeichen für einen Maya-Typen aus unserer Meinung heraus passt und manchmal auch zwei oder drei und die archetypischen Bestimmungen zwar eindeutig, aber dennoch fließend im Übergang sind. Wie es eben auch einen untypischen Zwilling geben kann, weil sein Aszendent ihn vielleicht eher prägt. Und so ist in einem Maya-Horoskop auch der Ton zu den Archetypen sehr aussagekräftig für das gesamte Bild einer Person.

Dabei kannst du durchaus auch in der westlichen Astrologie vom Sternzeichen Stier (Element Erde) sein und als Maya-Archetyp Weißer Hund (Wurzelrasse Weiß entspricht dem Luftelement). Dass sich das nicht ausschließt, wirst du beim genauen Studieren deines Maya-Horoskops erkennen.

Gleichzeitig haben Bianca und ich auch magische Parallelen der laufenden astrologischen Zeitqualität festgestellt, wenn wir uns zu unserem *Maya, Mond und Sterne Podcast* die Qualitäten aus Sicht der beiden Lehren angesehen haben.

Beseelt stellen wir beide nach vielen Jahren auf unseren beiden unterschiedlichen spirituellen Pfaden durch dieses Projekt fest, dass es eindeutig eine Universelle Kraft und Weisheitsquelle gibt, von der wir uns alle nähren und führen lassen dürfen.

Gemeinsam mit Bianca diese Karten zu kreieren, ist ein Geschenk des Universums für mich und für die Welt da draußen. Es fühlt sich so an, als würden wir hiermit ein wunderbar hilfreiches Tool für das Kollektiv erschaffen. Ein ganz besonderes und einzigartiges Werkzeug, das auch das Licht und Bewusstsein eines jeden Einzelnen erhöhen wird und kollektiv wirkt.

Da sie mit der universellen Weisheit verbunden sind, werden die Maya-Astro-Cards das Potenzial haben, Konflikte in dir zu heilen, die unmöglich zu heilen schienen, Polaritäten zu überwinden und dir beibringen, deine ureigenen Themen mit Mitgefühl zu umarmen.

Es kann auch kein Zufall sein, dass ich mich, obwohl ich eigentlich hauptsächlich mit der westlichen Astrologie arbeite, aber auch eine mehrjährige schamanische Ausbildung gemacht habe, schon immer von der Maya-Astrologie und natürlich dem spirituellen »Trend«-Thema *Portaltage* angezogen gefühlt habe. Eines Tages schrieb mir über meinen Instagram Kanal Bianca. Ich kann mir kaum jemanden vorstellen, mit dem so ein gemeinsames Projekt besser funken kann, und wir waren beide gleich Feuer und Flamme füreinander. Oder besser gesagt, wir beiden Zwillinge sprudeln nur so vor Ideen und Freude um die Wette.

Wenn das keine magische Fügung ist, denn auch unsere Maya-Typen korrespondieren unglaublich gut, Bianca als *Weißer Weltenüberbrücker* und ich als *Weißer Magier* harmonieren einfach im selben Element!

Tanja Brock, Januar 2023

Wer waren die Maya?

Die Maya waren ein hochentwickeltes indigenes Volk, das um etwa 3000 v. Chr. bis ins 16. Jhd. hauptsächlich in Mexico und Guatemala lebte. Ihre Blütezeit war zwischen 200–900 n. Chr.

Die Maya waren hervorragende Mathematiker, Architekten, Astronomen, Doktoren und sehr religiöse Menschen, deren Wissen auf vielfältige Art und Weise bis heute überliefert wird.

Das tägliche Leben der Maya war durchzogen von Ritualen und Zeremonien. So auch der rituelle Gebrauch der Sternenkunde. Durch ihr einzigartiges Verständnis der Zeit, das in ihrem hochgenauen Kalendersystem bis heute erhalten blieb, konnten sie punktgenaue Vorhersagen treffen. Die Maya gingen nämlich davon aus, dass die Erde den Mittelpunkt des Kosmos darstellt und dass alles, was auf der Erde passiert, immer in den gleichen Zeit-Rhythmen synchron abläuft. Sie hatten ein fraktales Zeitverständnis, was bedeutet, dass die Zeitqualitäten immer wieder die gleichen Themen aufzeigen, sich aber die Positionen des Menschen dazu evolutionär verändern.

Dieses rhythmische Zeitverständnis spiegelt sich unter anderem in den 20 Archetypen/Siegeln (die Grundthemen der Menschheit) und den 13 Tönen (der evolutionäre Rhythmus der Weiterentwicklung) im Maya-Kalender wider.

Auch ihr hochkomplexer Städteaufbau ist exakt nach großen Sternenbildern, kosmischen Ereignissen (Sonnenwenden) und den Umlaufbahnen verschiedenster Planetensysteme gebaut worden, um die kosmische Energie hier auf diesem Planeten zu verankern. Ihre erbauten Pyramiden dienten als »Sende- und Empfangsstationen« für kosmische Energie zu Ritualzwecken. Deshalb befindet sich auf jeder Pyramide auch ein begehbares Plateau.

Das Volk der Maya war ein sehr friedliches Volk, bis in die Zeit des 16. Jhd., in der es Aufzeichnungen von Menschenopfern gibt. Das Verschwinden der Maya im 16. Jhd. gibt den Forscher:innen noch viele Rätsel auf, die bis heute noch nicht gelöst werden konnten.

Die Maya-Astrologie und ihre weiblich integrierte Zeitzählung

Unser gregorianisches Kalendersystem umfasst 365 Tage, die in 12 Monate mit einer Länge von 1–30/31 (bzw. 28 oder 29) Tagen aufgeteilt werden: Dies ist genau die Zeit, die die Erde benötigt, um einmal die Sonne zu umrunden. Nach diesem sehr linearen System leben wir Tag ein, Tag aus schon über viele, viele Jahrhunderte hinweg, ohne auch nur in

Betracht zu ziehen, dass dieser »Sonnenkalender« ausschließlich einem männlichen Rhythmus folgt. In der weiblich integrierten Zeitzählung der Maya-Astrologie wird es etwas anders gelebt: Hier werden die 365 Tage des männlichen Sonnenrhythmus zusätzlich in 13 Mondmonate unterteilt, die jeweils einen Rhythmus von 28 Tagen haben, genau dem weiblichen Zyklus entsprechend. Dies ist daher eine Zeitzählung, ein Zeitrhythmus, der dem Männlichen wie auch dem Weiblichen entspricht.

So ergeben sich aus den 13 Monden mit einem 28 Tage-Zyklus ein Jahresrhythmus von 364 Tagen plus einem Pausetag. Dieser Pausetag entspricht unserem Silvestertag und dient als Brücke zwischen Abschluss und Neubeginn. Ein Tag zum Durchatmen und Zentrieren. Dieser fällt aber nicht, wie bei uns, auf den 31. Dezember, sondern auf den 25. Juli jeden Jahres. Somit endet das Maya-Sonnenjahr am 24. Juli, hat am 25. Juli den Pausetag und beginnt mit Mond 1 immer am 26. Juli. Mit dem ersten Mond bzw. dem Archetyp, der am 26. Juli vorherrschend ist, steht auch das Jahresthema für uns in dieser Welt fest.

Die Magie der 13 im Maya-Kalender

Ist es nicht sonderbar, dass wir in unserem Kalendersystem 13 Monde haben, aber nur immer in einem

12-Monate-Rhythmus leben? War es nicht so, dass die 13. Fee, im Märchen von Dornröschen, ausgegrenzt wurde und damit das ganze Desaster begann? Freitag, der 13., ist bei vielen ein sehr unbeliebter Tag.

In der weiblich integrierten Zeitzählung des Maya-Kalenders ist die Zahl 13 vollständig integriert. Es gibt 13-Tage-Wellen, 13-Jahres-Rhythmen usw. Die Maya wussten um die Magie der 13, denn die 13 ist genau der Schritt, den die Natur nutzt und den wir nutzen können, um zu ernten, zu feiern und um sich auf das Nächste vorzubereiten. Der 13. Tag, der 13. Mond oder auch das 13. Jahr ist der Punkt, an dem alle erfahrenen und erreichten Inhalte zusammengebracht werden, um den Entwicklungsschritt auch im Außen abzuschließen, damit die nächsthöhere Stufe gelebt werden kann. Die 13 macht aus dem Kreis eine Spirale. Die Spirale ist das Symbol des »sich-selbst-entfaltenden Lebens« und ein wesentliches Symbol der Maya.

Die Bedeutung von Sonne und Mond bei den Maya

Die mystische Hochkultur der Maya war eine der wenigen, die die Geheimnisse unseres Sonnensystems und der Galaxie entschlüsselt und zu magischen Codes und Bedeutungsfeldern zusammengefügt haben. Ihren Ursprung hat dieses unglaubliche Wissen vermutlich in den akribischen Himmelsbeobachtungen der Maya, die auch häufig dazu dienten, Sonnen- oder Mondfinsternisse vorherzusagen. In der Landwirtschaft sind der Mond und sein Zyklus noch immer für einige Kulturen von großer Bedeutung. Auch die Maya beobachteten das Wachstum von Pflanzen und Früchten und verglichen deren Eigenschaften und Geschmack, um den besten Zeitpunkt für die Anpflanzung zu bestimmen. Viele dieser Mond-Bräuche wurden weitergegeben und bis heute bewahrt.

Dabei gingen die Maya davon aus, dass wir kosmische Energie aus der Galaxie wie eine Art Staubsauger anziehen und innerhalb des Körpers weiterleiten. Und dabei ist klar, dass alle Objekte im Universum, einschließlich der Sonne, Sterne, Planeten und Trabanten wie dem Mond, neben ihren messbaren, grobstofflichen auch feine Frequenzen und Schwingungen ausstrahlen. Diese beeinflussen uns auf allen Ebenen, den physischen und eben auch energetischen (spirituellen) Ebenen. Und jeder Neu- oder Vollmond ist dabei wie ein spiritueller Meilenstein oder Magiepunkt auf dem Weg zum Glück und der Erfüllung unserer Visionen. Wer einen Zugang zur Magie des Mondes hat, kann die Energie jedes Mondereignisses für sich nutzen, eigene verborgene

Wahrheiten zu erkennen, Veränderung herbeizuführen oder sich mit Hilfe des Universums sogar tiefe Wünsche zu erfüllen. Aus Sicht der Maya dient der Mond als Vermittler zwischen Licht und Dunkelheit sowie von Tag und Nacht. Für die Maya war der Mond ein kraftvolles Symbol für Gleichgewicht und Harmonie.

Der Maya-Kalender (Tzolkin)

Bist du bereit, in die kosmische Magie des Maya-Kalenders einzutauchen und damit dein Leben zu verändern? Denn das *Dreamspell System*, das ich dir im Folgenden präsentieren werde, ist bei manchen umstritten, da es wagt, Altes ganz neu und in diese Zeit *hineinzutransportieren*, fernab von kulturellem Zwang und Konventionen – so ganz nach meinem Geschmack.

Es gibt verschiedene Formen des *Tzolkin* und auch verschiedene Arten, diesen zu interpretieren und zu verwenden. Mir ist der *Tzolkin* nach dem *Dreamspell System* von Jose Argüelles vor sehr vielen Jahren in die Hände gefallen. Über viele Jahre hinweg habe ich ihn durch meine eigene Zeitqualität erfahren, neu und modern interpretiert und ein eigenes System daraus entwickelt, welches ich nutze, in Ausbildungen und Workshops unterrichte und hier in diesen Maya-Astro-Cards weitergebe. Es umfasst den gegenwärtigen Zustand galaktischer Energien, in die wir hineingeboren werden, und bietet gerade Frauen die perfekte Selbsterfahrungsplattform.

Es gibt neben dem *Dreamspell-System* noch den *Haab-Kalender* der Maya mit komplett anderen Zyklen und Abläufen, der auch der »zivile Kalender« genannt wird, und den *Langen Zähler*, der am 21.12.2012 bei 13.0.0.0.0 seinen neuen Zyklus begonnen hat – dies bedeutete entgegen häufiger Interpretationen nicht den Untergang der Menschheit, sondern den Eintritt in ein kosmisches Vollbewusstsein, einen spirituellen Übergang zu einer neuen Zivilisation – in das Wassermannzeitalter. Der *Lange Zähler* steht allein für die Tageszählung im Maya-Kalender und hat keinen prophetischen Charakter.

Dieses neue spirituelle Zeitalter, über dessen konkreten Beginn Unstimmigkeit bei den westlichen Astrolog:innen und spirituell Interessierten herrscht, bedeutet eine neue Zeitenergie. Man geht davon aus, dass wir als Menschheit nun von einer Zeit, die vom Zeichen Fische für mehr als über 2000 Jahre geprägt war, in eine vom Sternzeichen Wassermann geprägte Zeitenergie gelangen.

Eine wichtige Facette des sogenannten »Wassermannzeitalters« ist die Energie des Wandels. Das Sternzeichen Wassermann wird von Uranus astrologisch beherrscht und kündigt ein neues Zeitalter voll von Vernetzung, Gemeinschaft, Fortschritt, Menschlichkeit und Weisheit an.

Das Kalendersystem der Maya

Innerhalb des oben beschriebenen 365-Tage-Zyklus des gregorianischen Kalenders rotiert also ein eigenes 260-Tage-Kalendersystem (der *Tzolkin* der Maya) – fast die gleiche Zeit, die eine Schwangerschaft dauert.

Dieses System besteht aus:

- den vier Elementen mit den jeweilig dazugehörigen fünf Archetypen (die 20 *Siegel*),
- den dreizehn Tönen (1-13, sie gemeinsam ergeben eine Welle, von denen wir 20 haben),
- den Portaltagen.

Wenn du nun ein wenig rechnen magst, werden aus vier Elementen mit jeweils 5 Archetypen 20 *Siegel*. Multipliziert man diese mit den 13 Tönen, damit alle Kombinationen aus Siegeln und Tönen vertreten sind, ergibt sich daraus das eigentliche Kalendersystem mit 260 Tagen.

Die jeweiligen Tage werden hier Kin genannt (*Kin* 1 bis *Kin* 260). Der Maya-Kalender fügt sich dabei nahtlos in den oben genannten 365 Tage Rhythmus des Sonnen-Kalenders ein. Nach Kin 260 folgt gleich wieder Kin 1 und ein neuer Zyklus (Spin) beginnt.

Der *Tzolkin* ist zyklisch und rotierend, so dass das heutige Tagessiegel mit seinem Ton erst wieder in 52 Jahren genau auf dasselbe Datum wie heute fällt. Das heißt, die Zeitqualität zu deiner Geburt ist erst wieder an deinem 52. Geburtstag genau dieselbe.

Fällt dir dabei vielleicht schon etwas auf? In der 52 sind nämlich viermal 13 enthalten. Jeweils einen Zyklus von 13 Jahren unter der Regie von einem der vier Elemente durchläufst du bis zu deinem 52. Geburtstag.

Du siehst also, der Maya-Kalender ist kein Kalender im klassischen Sinne, der dir eine Übersicht der Wochentage, Feiertage usw. gibt. Er zeigt dir vielmehr den Energiefluss, der hinter unserem irdischen Geschehen steckt, und verbindet dich wieder mit dessen Natürlichkeit. Wenn du beginnst, dein Sein mit der Natürlichkeit deiner kosmischen Energien zu verbinden, wirst du durch die Natur in dir geführt werden. Die Maya-Astrologie ist ein fraktales System, das immer in den gleichen Rhythmen abläuft und die gleichen Themen sichtbar macht. Nur dein Standpunkt kann sich evolutionär zu den jeweiligen Themen verändern, wenn du dich von dieser kosmischen Magie in deiner Essenz berühren lässt.

Das bedeutet für mich »Neue Energie«. Vielleicht bekommst du jetzt schon eine kleine Ahnung von der Komplexität und von der Magie dieses wundervollen Kalenders.

Ich erwarte nicht, dass du jetzt schon verstehst, wie alles funktioniert. Ich möchte dir hier zunächst bewusst machen, dass dieses System von dir in deiner eigenen Zeitqualität erfahren werden muss, um verstanden werden zu können … Weiblichkeit ist der Weg des Erfahrens und in diesem System ist das Weibliche als Zeitzählung integriert, um dich mit ihrer Natürlichkeit wieder tiefer zu verbinden. Ob du männlich, weiblich oder divers bist, spielt dabei keine Rolle, denn Weiblichkeit ist ein Anteil in jedem Menschen.

Die vier Elemente im Maya-Kalender

Die Grundpfeiler des Maya-Kalenders sind vier Elemente, denen die Farben Rot, Weiß, Blau und Gelb zugeordnet werden. Sie spielen eine sehr zentrale Rolle. Sie spiegeln nicht nur die vier Grundelemente (Erde, Luft, Wasser, Feuer) wider, sondern sind auch eine Analogie zu den Himmelsrichtungen, den vier Jahreszeiten und den vier Abschnitten im weiblichen 28-Tage-Zyklus.

Jedes Element hat für sich typische Bestandteile und Grundstrukturen, enthält aber auch immer einige Anteile der anderen Elemente, so dass es niemals klare Abgrenzungen gibt, sondern nur weiche und fließende Übergänge. Bei den Kartenbeschreibungen werde ich dir alle vier Elemente, die im Maya-Kalender auch Wurzelrassen genannt werden, genauer erklären.

Die Elemente treten immer in folgender Reihenfolge auf: Rot – Weiß – Blau – Gelb. Allein durch das Wissen, welcher »Wurzelrassentyp« du bist, kannst du schon sehr viel über deine Grundenergie im Leben erfahren. Spannend ist es auch zu schauen, von welchen »Elemente-Typen« du in deinem Umfeld, also in deiner Familie, im Freundeskreis, auf deiner Arbeit etc., umgeben bist.

Die Energie der vier Elemente beschreibe ich später aus verschiedenen Perspektiven – als *Persönlichkeit* (hier kannst du nachlesen, wenn dein Kin in diesem Element ist), als *Tagesqualität* (passend, wenn wir einen Tag im Maya-Kalender in diesem Element haben) und als *Welle* (passend, wenn wir uns in dem Element in einer 13-tägigen Welle befinden).

Die Elemente bauen immer aufeinander auf. Keines kann sich ohne die anderen entfalten, und wenn etwas vollendet ist, dann startet automatisch etwas Neues.

Alles beginnt immer mit der Startkraft (Rot). Danach geht es in die geistige Feinarbeit, um zu überprüfen, was wirklich benötigt wird oder was aussortiert werden muss (Weiß). Jetzt kommt das Gefühl dazu, das den Weg weist und ihn mit der Magie des Lebens verbindet (Blau). Als Letztes geht es mit mentaler Stärke voran, um alles in voller Leichtigkeit umzusetzen, denn unsere mentale Kraft geht den Weg der Fülle und des Erfolges (Gelb).

Der gesamte Schöpfungsprozess umfasst immer alle vier Elemente. Eines davon zu überspringen, unterbricht den Fluss.

Die Archetypen

In der Maya-Astrologie gibt es 20 Archetypen, wie 10 Finger und 10 Zehen, denn alles hat hier Hand und Fuß. Jeder Archetyp ist immer einem Element und Wurzelrasse (Rot, Weiß, Blau oder Gelb) zugeordnet und wird innerhalb des Kalenders dann Siegel genannt. Jeweils fünf Archetypen gehören einem der vier Elemente bzw. einer Wurzelrasse an.

Die Archetypen folgen immer einer festen Abfolge, die aufsteigend und weiterentwickelnd ist und immer den Ablaufrhythmus der vier Elemente beinhaltet (Rot-Weiß-Blau-Gelb).

Durch die schamanische Grundhaltung der Mayakultur tragen die Archetypen auch dementsprechende Namen und Symboliken, aus denen schon einiges zu erkennen ist.

Bei den Kartenbeschreibungen stelle ich dir jeden Archetyp einzeln, in seiner Tagesqualität, seinem Persönlichkeitsanteil und seiner Rolle in einer Welle vor und gebe dir auch einige Reflexionsfragen für die Nutzung des Kartensets.

Die Maya-Astrologie verbindet uns mit der Dualität in dieser Welt, damit wir unser Sein hier erfahren können. Daher gibt es bei den Archetypen auch Licht- und Schattenanteile.

Bedenke bitte, was ich hier schreibe, ist die Sicht aus meiner eigenen Zeitqualität heraus, vielleicht ergeben sich für dich noch zusätzliche Sichtweisen und Erkenntnisse aus deiner Erfahrung mit ihnen.

Auch die Tagesqualitäten der Archetypen sind mit ihrer Thematik immer stark von der jeweils vorherrschenden Welle abhängig und die Wellenqualitäten von der jeweiligen Jahreszeit. Zum Beispiel kann dich eine *Loslass-Welle* im Herbst dazu auffordern, altes Gelebtes loszulassen, um tief in dich hineinzutauchen. Im Frühjahr aber kann sie dich auffordern, dein Schneckenhaus zu verlassen, um dich mit dem, was du bist, zu zeigen.

Die Zeitwellen

Die 260 Tage des *Tzolkin* unterteilen sich in 20 aufeinanderfolgende Wellen, die jeweils 13 Tage lang sind und von einem Archetyp »geführt« werden. Es ist immer der erste Archetyp, auch genannt das »erste *Siegel*«, zu Beginn einer Welle, welches die Führung und das Thema der anstehenden Welle bestimmt. Jeder Archetyp ist mit seinem individuellen Thema einmal der Führer einer Welle. Er gibt somit das Entwicklungsthema vor, das gerade hinter allen Geschehnissen in der Welt steht.

Es sind somit 20 grundlegende Themen, die uns für unsere eigene Persönlichkeitsentwicklung und Entfaltung immer wieder zur Verfügung stehen. Alles Wissenswerte über die Grundthemen der Wellen findest du im Kapitel der Archetypen. Die Welle, in die du hineingeboren wurdest, zeigt dir deine Erfahrungsebene in diesem Leben. Dieser Welle und dem dahinterliegenden Thema solltest du besondere Beachtung schenken.

Die Töne

Die 13 Töne stellen, ebenso wie alle anderen Zyklen in diesem Kalendersystem, einen evolutionären Ablauf dar. Die Töne sind angelehnt an die 13 Grundgelenke des menschlichen Körpers. Hierdurch werden die Bewegungen und der Rhythmus sichtbar, die für eine evolutionäre Entwicklung unumgänglich sind.

Die Töne sind hierbei auch sinnbildlich als eine aufsteigende und wieder abfallende Welle zu betrachten.

Die 1 ist hierbei immer der Beginn einer Welle und steht an der Basis. Ton 1 bestimmt immer das Grundthema jeder Welle. Die Töne 1-6 sammeln alle von uns benötigten Informationen, bis wir zur 7 kommen, der höchste Punkt, der höchste geistige Abschluss, die magische Säule der Welle und der Moment, an dem die Welle kurz vor dem »Brechen« ist, um dann in den Schritten 8-13 einen Entwicklungsprozess in die Umsetzung zu machen.

Ton 1 – Startkraft
Ton 2 bis 4 – Fundament
Ton 5 bis 7 – Bewusstsein
Ton 8 bis 10 – Transformation
Ton 11 bis 13 – Vollendung

Anschließend geht es nahtlos in die nächste Welle mit demselben Ablauf, nur mit einer anderen thematischen Führung, einem anderen Grundthema, über.

Die 13 Töne im Maya-Kalender stehen nicht als Zahlen geschrieben, sondern werden in einer eigenen Symbolik von Punkt (•) und Balken (-) beschrieben. Ein Punkt bedeutet hier 1 und ein Balken bedeutet hierbei 5. Die einzelnen Symbole der Töne ergeben sich dann aus der Kombination von Punkten und Balken. Z.B. wird der Ton 11 aus der Kombination von einem Punkt und zwei Balken dargestellt, der Ton 3 aus drei Punkten und der Ton 9 aus vier Punkten und einem Balken.

Wie alles im Maya-Kalender sind die Töne und Wellen auch wieder eine Schwingungsfrequenz, die ganz individuell wahrzunehmen ist. Daher ist es hier wieder dir vorbehalten, eigene Erfahrungen mit den einzelnen Tönen zu machen und diese mit deiner Wahrnehmung zu ergänzen und zu bereichern. Das ist echt spannend, bringt dir Bewusstsein über dich selbst und macht obendrein auch noch unheimlich Spaß!

Bei den Kartenbeschreibungen stelle ich dir alle Töne ausführlich vor.

Portaltage und Seelenraum

Der Seelenraum ist der Raum unseres Bewusstseins, in dem wir hier in dieser Welt bewusst, unbewusst und unterbewusst körperlich, geistig, emotional und mental agieren.

Er ist kein Raum mit einer Begrenzung wie im alltäglichen Verständnis. Der Seelenraum ist ein Raum-Zeitgefüge, das sich ins Unermessliche ausdehnen kann, um so viel wie möglich von unserem wahrhaftigen Sein und Erfahrungen bewusst leben zu können.

Das Bewusstsein von unserem Seelenraum ist die Entscheidung für eine radikale Selbstverantwortung. Denn dann gibt es nichts mehr in unserem Leben, was außerhalb von uns existiert.

In der alten Maya-Kultur waren das Wissen und das Bewusstsein des Seelenraums und der Selbstverantwortung vollständig integriert. Innerhalb ihrer Bewusstseinsentwicklung und Seelenraumerweiterung haben sie ein System erkannt, welches die kosmischen Energie-Einflüsse sichtbar macht und die persönliche und spirituelle Entwicklung auf natürliche Art und Weise unterstützt. Ein System, das sich für jeden individuell immer wiederholt und sich den neuen Gegebenheiten durch Veränderungen anpasst.

Die 52 Portaltage im Maya-Kalender sind kosmische Energieportale, die uns gezielt zu einem Thema mit unserem Seelenraum verbinden wollen. Deshalb geht es an einem Portaltag vor allem darum, die Qualität für sich und das eigene Erkennen zu nutzen.

Wenn du auf Portaltage reagierst, dann hörst du den Ruf deines Seelenraums, der sich erweitern möchte! In der modernen Spiritualität herrscht der Grundgedanke der absoluten Eigenverantwortung. Alles geschieht in unserer eigenen Energie und wenn wir auf etwas reagieren, dann ist es eine Aufforderung von uns selbst, uns damit zu beschäftigen oder ggf. Umstände zu verändern.

Die Portaltage sind rhythmisch angelegt und haben im Maya-Kalender schwarze Felder (siehe Seite 188). Durch ihre Anordnung sehen sie symbolisch aus wie ein Mensch oder wie der menschliche Zell-Code. Das zeigt uns verstärkt die Bedeutung dieser Energien für uns als Menschen. Letztendlich sind sie die Landkarte der Verwirklichung von Göttlichkeit und Mensch.

Bist du an einem Portaltag geboren, dann hat deine Seele schon vor der Inkarnation entschieden, dass die Zeitqualität, in die du hineingeboren wirst (dein *Kin*) von dir noch bewusster und tiefer zu erfahren ist, da dort die größten Bewusstseins-Geschenke auf dich warten.

Wenn du dir die Grafik des *Tzolkin* (s. Seite 188) genau anschaust, wirst du erkennen, dass es in der Mitte einen Zeitraum ohne Portaltage gibt, dafür vorher und nachher 10 Portaltage am Stück. Dieser Zeitraum beherbergt die Zentrumstage, sie sind die magische Säule des *Tzolkin* und eine Analogie zum

7. Ton. Hier findet die größte Magie statt. Im Mittelpunkt des Geschehens, in uns selbst. Die Portaltage vorher und nachher fungieren wie ein großes Portal, um diesen magischen Raum zu öffnen, in dem wir leichter eine tiefe Verbindung zu uns selbst herstellen und uns von belastenden Themen magisch und einfach lösen können.

Berechnung der Geburts-Zeit-Qualität, des Kin

Ich hoffe, du bist jetzt richtig neugierig geworden, denn jetzt steigen wir tief ein. Im Folgenden erkläre ich dir, wie du Maya-Geburtszeitqualitäten, das Kin, errechnest. Entweder dein eigenes Kin und/oder auch das deiner Familie, Freunde usw; quasi dein Maya-Geburtshoroskop.

Dazu benötigst du die Monats- und die Jahrestabellen, die du ab Seite 32 findest. Und natürlich dein Geburtsdatum. Du ermittelst aus der Monatstabelle die Zahl, die zu deinem Geburtsmonat passend ist. Danach suchst du aus der Jahrestabelle jene Zahl, die über dem jeweiligen Geburtsjahr steht, heraus. Nun werden die ersten beiden Zahlen addiert und der Tag, an dem du geboren wurdest (der Monatstag), ebenfalls hinzugerechnet.

Beispiel: 13.05.1979

Der Monat Mai = 120
Das Jahr 1979 = 27
Der Tag 13 = 13
Ergebnis = 160 ist das gesuchte Kin

Wenn das Ergebnis größer als 260 ist, so muss von diesem Ergebnis so oft 260 subtrahiert werden, bis das Ergebnis nicht höher als 260 ist.

Achtung!
Wer am 29. Februar geboren worden ist, setzt bitte dennoch die Zahl 28 ein.

Monatstabelle

Monat	Nr
Januar	0
Februar	31
März	59
April	90
Mai	120
Juni	151
Juli	181
August	212
September	243
Oktober	13
November	44
Dezember	74

Jahr	Nr
1900	52
1901	157
1902	2
1903	107
1904	212
1905	57
1906	162
1907	7
1908	112
1909	217
1910	62
1911	167
1912	12
1913	117
1914	222
1915	67
1916	172
1917	17
1918	122
1919	227
1920	72
1921	177
1922	22
1923	127

Jahr	Nr
1924	232
1925	77
1926	182
1927	27
1928	132
1929	237
1930	82
1931	187
1932	32
1933	137
1934	242
1935	87
1936	192
1937	37
1938	142
1939	247
1940	92
1941	197
1942	42
1943	147
1944	252
1945	97
1946	202
1947	47

Jahr	Nr
1948	152
1949	257
1950	102
1951	207
1952	52
1953	157
1954	2
1955	107
1956	212
1957	57
1958	162
1959	7
1960	112
1961	217
1962	62
1963	167
1964	12
1965	117
1966	222
1967	67
1968	172
1969	17
1970	122
1971	227

Jahr	Nr
1972	72
1973	177
1974	22
1975	127
1976	232
1977	77
1978	182
1979	27
1980	132
1981	237
1982	82
1983	187
1984	32
1985	137
1986	242
1987	87
1988	192
1989	37
1990	142
1991	247
1992	92
1993	197
1994	42
1995	147

Jahr	Nr
1996	252
1997	97
1998	202
1999	47
2000	152
2001	257
2002	102
2003	207
2004	52
2005	157
2006	2
2007	107
2008	212
2009	57
2010	162
2011	7
2012	112
2013	217
2014	62
2015	167
2016	12
2017	117
2018	222
2019	67

Jahr	Nr
2020	172
2021	17
2022	122
2023	227
2024	72
2025	177
2026	22
2027	127
2028	232
2029	77
2030	182
2031	27
2032	132
2033	237
2034	82
2035	187
2036	32
2037	137
2038	242
2039	87
2040	192
2041	37
2042	142
2043	247

Jahr	Nr	Jahr	Nr	Jahr	Nr
2044	92	2050	202	2056	52
2045	197	2051	47	2057	157
2046	42	2052	152	2058	2
2047	147	2053	257	2059	107
2048	252	2054	102	2060	212
2049	97	2055	207	2061	57

Grafik des Tzolkin

Um herauszufinden, in welchen Archetyp/Siegel, Ton und Welle (die drei Bestandteile deines Kin) du hineingeboren wurdest, brauchst du folgende Grafik auf Seite 188. Dort suchst du einfach deine Zahl.

In meinem Beispiel ist es Kin 160, also suche ich die 160 in der Grafik des Tzolkin.

Sobald du dein *Kin* gefunden hast, gehst du waagerecht nach links und schaust, welcher Archetyp am Rand steht. Dieser ist dein Geburtsarchetyp.

In meinem Beispiel steht waagerecht zur 160 die Gelbe Sonne.

DIE 20 ARCHETYPEN

Roter Drache
Weißer Wind
Blaue Nacht
Gelber Samen
Rote Schlange
Weißer Weltenüberbrücker
Blaue Hand
Gelber Stern
Roter Mond
Weißer Hund
Blauer Affe
Gelber Mensch
Roter Himmelswanderer
Weißer Magier
Blauer Adler
Gelber Krieger
Rote Erde
Weißer Spiegel
Blauer Sturm
Gelbe Sonne

Danach schaust du in deinem »Kin-Kästchen« auf die Punkte und/oder Striche, die dort über der Zahl stehen. Diese stehen für deinen Ton. Ein Punkt bedeutet eine 1 und ein Strich eine 5.

In meinem Beispiel sind dort vier Punkte, also ist es hier der Ton 4.

Wenn du diese beiden Teile deines *Kin* gefunden hast, dann fehlt nur noch deine Geburtswelle. Diese findest du, indem du von deinem »Kin-Kästchen« den Zahlen nach rückwärts gehst, bist du das erste Kästchen mit nur einem Punkt und/oder den Beginn der Farbe deines »Kin-Kästchens« findest.

Manchmal ist es ein wenig verwirrend, weil einige Kästchen schwarz sind (Portaltage), daher ist es besser, dich an den Punkten zu orientieren. Hast du nun das Kästchen mit einem Punkt gefunden, gehst du wieder waagerecht nach links und schaust, welcher Archetyp dort am Rand steht. Dieser Archetyp steht für deine Geburtswelle.

Achtung! Bist du Ton 1, dann ist deine Welle die Gleiche wie dein Archetyp.

In meinem Beispiel ist es die Rote Erde-Welle.
Also ist mein Kin: Gelbe Sonne – Ton 4 – in der Roten Erde-Welle

Wir wünschen dir viel Freude beim Errechnen und Erforschen!

Das Beziehungskreuz

Jeder Mensch wird zusätzlich zu seiner Geburtszeitqualität von anderen Schwingungsfrequenzen/Archetypen unterstützt, denn wie du weißt, ist nichts getrennt voneinander und alles bedingt sich im Miteinander.

Diese Archetypen können sich im Kalender als Zeitqualität sehr hilfreich erweisen, oder sie treten in Form von Menschen in unserem Umfeld auf. Schau doch in deinem Umfeld, welche Archetypen dich umgeben.

Die Archetypen deines Beziehungskreuzes – so wird es nämlich genannt, weil dein Archetyp der Mittelpunkt ist und alle anderen sich oben, unten, rechts und links dazugesellen – unterstützen oder ergänzen deine eigene Qualität mit ihren Eigenschaften. Mal ganz präsent, mal nur am Rande und mal auch ganz subtil sind sie da, je nachdem, wie sie von dir gebraucht und angenommen werden.

Zu deinem persönlichen Beziehungskreuz gehören vier weitere Archetypen, die wie folgt genannt werden:

der analoge Partner – rechts
der okkulte Partner – unten
der antipodale Partner – links
der Führer – oben

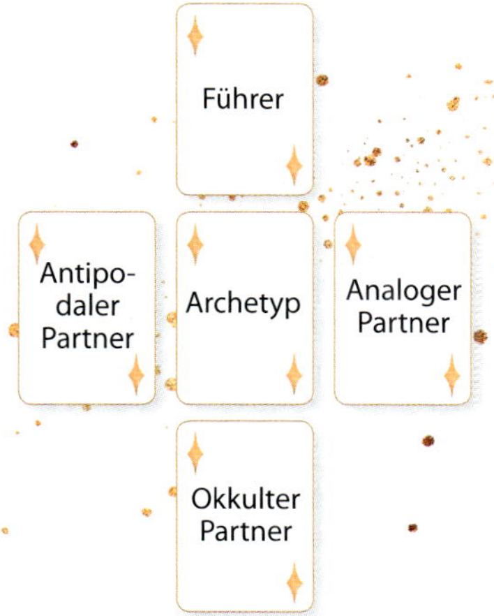

Das Beziehungskreuz bietet sich auch als Legung mit den Karten an, um zu erkennen, welche Energien uns unterstützen oder uns herausfordern.

Der analoge Partner

Er hat klassisch gesehen andere Aufgaben und Eigenschaften, die sich aber wunderbar mit deinen eigenen ergänzen. Der analoge Partner fungiert hier wie ein:e gute:r Freund:in oder ein:e verlässliche:r Arbeitskolleg:in, der oder die immer mit Rat und Tat zur Seite steht, wenn Hilfe gebraucht wird. In dieser Konstellation finden immer die Wurzelrassen *Rot-Weiß* und *Blau-Gelb* zu einem harmonischen Team zusammen:

Roter Drache – Weißer Spiegel
Weißer Wind – Rote Erde
Blaue Nacht – Gelber Krieger
Gelber Samen – Blauer Adler
Rote Schlange – Weißer Magier
Weißer Weltenüberbrücker – Roter Himmelswanderer
Blaue Hand – Gelber Mensch
Gelber Stern – Blauer Affe
Roter Mond – Weißer Hund
Blauer Sturm – Gelbe Sonne

Der okkulte Partner

Dieser Anteil zeichnet sich durch Qualität und nicht durch Quantität aus. Nur ab und zu, dafür aber in den entscheidenden Momenten, ist er da und dann mit sehr großer Wirkung und absoluter Nachhaltigkeit. Er ist das fehlende Gewürz, welches den Geschmack rund macht. In dieser Konstellation finden immer die Wurzelrassen *Weiß-Blau* und *Rot-Gelb* zusammen:

Roter Drache – Gelbe Sonne
Weißer Wind – Blauer Sturm
Blaue Nacht – Weißer Spiegel
Gelber Samen – Rote Erde
Rote Schlange – Gelber Krieger
Weißer Weltenüberbrücker – Blauer Adler
Blaue Hand – Weißer Magier
Gelber Stern – Roter Himmelswanderer
Roter Mond – Gelber Mensch
Weißer Hund – Blauer Affe

Der antipodale Partner

Der antipodale Partner ist der wichtigste in unserem System, weil er das absolute Gegenteil unserer eigenen Qualität ist und uns dadurch auf ein Maximum herausfordert, auch wenn es manchmal nur sehr subtil ist. Es ist unsere Aufgabe, uns mit dieser Qualität anzufreunden und sie schätzen zu lernen, denn nur dadurch werden wir kraftvoll in unsere eigene Qualität gelangen. Das, was am weitesten von uns entfernt ist, bringt uns ganz nah zu uns selbst.

By the way ... Der 11. Ton einer jeden Welle ist immer der antipodale Partner des Archetyps, der die Welle regiert. Beispiel: in der *Weißen Magier*-Welle ist der 11. Ton der *Gelbe Samen*. Und in der *Gelben Samen*-Welle ist der 11. Ton der *Weiße Magier* (s.a. Seite 188).

In dieser Konstellation finden immer die Wurzelrassen *Rot-Blau* und *Weiß-Gelb* zusammen:

Roter Drache – Blauer Affe
Weißer Wind – Gelber Mensch
Blaue Nacht – Roter Himmelswanderer
Gelber Samen – Weißer Magier
Rote Schlange – Blauer Adler
Weißer Weltenüberbrücker – Gelber Krieger
Blaue Hand – Rote Erde
Gelber Stern – Weißer Spiegel
Roter Mond – Blauer Sturm
Weißer Hund – Gelbe Sonne

Der Führer

Hier treffen wir auf ein Siegel, das der gleichen Wurzelrasse wie unser Geburtssiegel angehört. Beide von derselben Farbe, aber mit unterschiedlichen Fähigkeiten und Talenten, die wie eine wundervolle Ergänzung fungieren. Wenn es Momente gibt, in denen wir mal nicht wissen, wo es – in unserem Inneren oder auch im Außen – hingehen soll, dann können wir genau auf diese Qualität zurückgreifen, die uns mit ihrer Kraft führen wird, ohne einzugreifen.

Das Führungssiegel muss anhand unseres Geburts-Kin und Ton errechnet werden.

Geburts-Ton -1 × 12 + Geburts-Kin = Führer-Kin

Beispiel: Geburts-Kin ist 26 und dementsprechend der Geburtston die 13
13-1 = 12, 12 × 12 = 144, 144 + 26 = 170 Kin 170 *Weißer Hund*

Ist das Ergebnis größer als 260, muss vom Ergebnis noch einmal 260 abgezogen werden.

Wenn du als Geburtston die 1, 6 oder 11 hast, ist dein Führer identisch mit deinem Geburts-Kin. Das heißt, du bist durch dich selbst (deinen Archetyp) geführt, was bedeutet, dass du gerne unabhängig und selbstbestimmt bist und vielleicht auch mal ein wenig stur sein kannst 🙂.

Hier für dich die Kurzbedeutung der jeweiligen Führerenergie:

Roter Drache – Geführt durch die Kraft der Mütterlichkeit

Weißer Wind – Geführt durch die Kraft der Vielfältigkeit

Blaue Nacht – Geführt durch die Kraft der Intuition

Gelber Samen – Geführt durch die Kraft der Leichtigkeit

Rote Schlange – Geführt durch die Kraft der Leidenschaft

Weißer Weltenüberbrücker – Geführt durch die Kraft des Todes

Blaue Hand – Geführt durch die Kraft der Handlung

Gelber Stern – Geführt durch die Kraft der Schönheit

Roter Mond – Geführt durch die Kraft der Dualität

Weißer Hund – Geführt durch die Kraft des Herzens

Blauer Affe – Geführt durch die Kraft der Kreativität

Gelber Mensch – Geführt durch die Kraft der Einfachheit

Roter Himmelswanderer – Geführt durch die Kraft des Mutes

Weißer Magier – Geführt durch die Kraft der Schöpfung

Blauer Adler – Geführt durch die Kraft der Vision

Gelber Krieger – Geführt durch die Kraft der Verbindung

Rote Erde – Geführt durch die Kraft der Synchronizität

Weißer Spiegel – Geführt durch die Kraft der Wahrheit

Blauer Sturm – Geführt durch die Kraft der Veränderung

Gelbe Sonne – Geführt durch die Kraft der Annahme

Wie du dieses Kartendeck verwenden kannst

Auf diesen wunderschönen Maya-Astro-Cards findest du die Archetypen, die Wurzelrassen, Portaltag, die Töne und ergänzende Sonne-Mond-Karten.

Du kannst diese Karten nutzen, um dich durch die Symbolik mit deiner eigenen Zeitqualität stärker zu verbinden.

Du darfst dir Impulskarten ziehen, die beispielsweise deinem Tag eine Richtung geben können.

Oder du nimmst die Karten heraus, um die jeweiligen Portaltage und Wellen besser verstehen zu können, und liest im Booklet dann nach, welche Schwingung und Themen der jeweilige Portaltag bringt.

Auch kannst du bestimmte Situationen mithilfe der Maya-Energie mit einer Klärungslegung besser deuten, Hintergründe erkennen und Lösungswege ausloten.

Vor allem aber kannst du auch dein eigenes Maya-Geburtshoroskop besser verstehen und die *Welle*, das *Siegel* (Archetyp) und den *Ton*, an dem du geboren bist, deuten und dich mit den Beschreibungen hier im Booklet besser kennenlernen.

Ebenso kannst du mit der Legung zum Beziehungskreuz deine Rolle und Dynamiken in Beziehungen entschlüsseln.

Oder du findest über das Maya-Medizinrad Rat, Lösungen und Einblick in eine aktuelle Situation oder klärst für dich eine wichtige Fragestellung.

Die Art und Weise, wie wir als Fragesteller:innen an die Maya-Energie unsere Deutung wählen, wird uns helfen, Einblick in Bereiche unseres Lebens und Seins zu erhalten, dessen Wege sich uns magisch eröffnen. Daher sei dir auch bewusst darüber, mit welcher Energie du der kraftvollen universellen Weisheitsenergie der Maya entgegentrittst.

Wie formulierst du deine Fragen? Je eindeutiger und klarer du für dich deine Fragen stellen kannst, umso eindeutiger wird das Maya-Orakel antworten, mach dich darauf gefasst ... Die Antworten des Maya-Orakels sind dabei sehr individuell und vielschichtig, so dass Ja-Nein-Fragen nicht gestellt werden können. Am besten eignen sich wie bei anderen Orakeln auch Fragen, die auf eine Entwicklung zielen.

Nutze das Maya-Orakel als Schlüssel für ein glücklicheres und erfolgreicheres Leben und als den kosmischen, universellen Ratgeber, den du dir immer gewünscht hast.

Portaltag

Wenn du diese Karte ziehst, will deine Seele wachsen, sich ausdehnen (s.a. Seite 28). Die Galaktischen Tore der Mayaweisheit stehen für dich offen. Gehe auf inneren Empfang und lausche den Botschaften deiner Seele und des Universums, die du nun empfangen darfst. Was möchte im Zusammenhang mit der Intention, mit der du diese Karte gezogen hast, tiefer angesehen und erfahren werden? In welchem Bereich möchte sich dein Körper tiefer mit deinem Seelenraum verbinden, um die Botschaften des Kosmos besser zu verstehen? Je ehrlicher du hier zu dir bist, umso klarer wird die Botschaft sein.

Welle

Wenn du in einem Legemuster die Wellen-Karte ziehst, dann ziehe bitte noch eine andere ergänzende Karte, denn du bist durch die Wellen-Karte dazu eingeladen, das Thema, nach dem du gefragt hast, länger und aus einem anderen Blickwinkel zu beleuchten, den dir die zusätzliche Karte eröffnet.

Du kannst anschließend in den folgenden 13 Tagen jeweils täglich dazu eine weitere Karte ziehen, um dein »Wellen-Thema« mit der jeweilig gezogenen Karte noch einmal von einer anderen Seite zu durchleuchten und noch mehr Klarheit hineinzubringen.

Wurzelrasse Rot – Element Erde

Osten – Beginn – dem Weiblichen und Körperlichen zugeordnet

Der Wurzelrasse Rot wird das Prinzip der »groben Arbeit«, des Konzipierens zugeordnet und hier werden Fundamente gebaut. Im Element Erde findet meist viel Aktion statt, auch in Form von körperlicher Betätigung. Rot ist tief mit der Erde verbunden und fordert auf, das Menschsein voller Selbstsicherheit auch genussvoll zu leben.

Rote Persönlichkeiten

Rote Persönlichkeiten sind von Natur aus sehr robust und leistungsstark. Sie sind oftmals die geborenen Macher:innen, und es gibt nichts Schlimmeres, als wenn sie nicht ausgelastet sind oder nichts zu tun haben. Wenn sie Impulse setzen und Verantwortung übernehmen können, dann sind sie in ihrem Element. Wenn du jemanden benötigst, der tatkräftig mit anpackt oder ein neues Projekt anschiebt, dann hast du mit einer roten Persönlichkeit den oder die Richtige:n. Gerade das körperliche Wohl ist für diese Menschen unabdinglich. Sich körperlich zu erfahren, zu spüren und zu erleben ist für sie essenziell wichtig. Wenn die Roten nicht mit der Zeitqualität ihrer Wurzelrasse verbunden sind, weil sie Umfeld bedingten oder erlernten Konditionierungen folgen, dann kann das für ihre Umwelt schon anstrengend werden. Sie sind dann nicht ausgelastet, bemerken es aber meist nicht selbst. Existenzängste jeglicher Art können dann ihr Leben bestimmen, denn sie sind sich ihrer Tatkraft nicht bewusst und suchen daher immer im Außen nach Erklärungen dafür bzw. strahlen eine starke Bedürftigkeit aus. Je länger diese »Unterdrückung« gelebt wird, umso mehr kann sich diese in Aggressionen und Verurteilungen, innere Unruhe, Schlafprobleme oder sogar hohem Blutdruck äußern.

Rote Tage

Eine rote Tagesqualität lädt uns immer zur Aktivität ein (gern auch körperlich), und zwar immer so intensiv und zu dem Thema, wie es die jeweilige Welle vorgibt.

Rote Wellen

Wie schon die Persönlichkeit so schön beschreibt, können wir in den *Roten Wellen* unsere Tatkraft ausleben, um neue Projekte jeglicher Art zu beginnen. Die *Roten Wellen* stehen immer für die grobe Struktur, für das große Ganze und für das essenziell Notwendige, um uns ein Leben in Fülle zu kreieren. Hier schaffen wir das Fundament unseres Hauses.

Archetypen

Roter Drachen – Rote Schlange – Roter Mond – Roter Himmelswanderer – Rote Erde

Das Element Erde aus westlicher astrologischer Sicht

In meiner Praxis erlebe ich häufig, dass Menschen, die sehr viel Erde in ihrem Geburtshoroskop haben, weil sie viele wichtige Planeten in den Erdzeichen Stier, Jungfrau oder Steinbock haben, nach Strukturen und Sicherheit im Leben streben. Eine Erd-Dominanz zeigt sich aber auch häufig im Gefühl des Festgefahren-Seins, so kann sich die Tatkraft, von der auch die *Rote Mayawelle* spricht, dann eher schlechter entfalten.

Häufig passiert es, dass sich Menschen mit zu viel Erde selbst im Weg stehen oder sich blockieren. Umgib dich mit Menschen, die dich aus dem Moment des Verharrens herausholen und dir das Gefühl von Leichtigkeit vermitteln können. Diese würde ich dem Element Luft aus westlicher Sicht (Zwillinge, Waage, Wassermann) und aus Mayasicht der Weißen Wurzelrasse zuordnen. Auch von der Sanftheit der Gefühle, der Fließfähigkeit der Blauen Wurzelrasse oder der Wasserzeichen Krebs, Skorpion und Fische darf man lernen, um die Steifheit und Starrheit des Elements Erde abzumildern. Umgekehrt jedoch schenkt die Erdenergie den Luft- und Wasserelementzeichen wiederum die Chance, mehr (gesunde) Grenzen und innere und äußere Stabilität zu erlangen. Andererseits jedoch, wenn jemand zu wenig Erdung hat, empfiehlt sich meistens der Kontakt zu Mutter Natur, vom Baum umarmen bis zu einem ausgedehnten Spaziergang im Grünen, und sich im besten Fall ein Haustier anzuschaffen. Tiere sind unsere natürlichen Erdbotschafter! Und auch aus schamanischer Sicht sind die Tiere unsere Lehrer, Helfer, unsere Tröster und Begleiter.

Impulse für dich, wenn du diese Karte ziehst
Loslegen, Beginnen, ein neues Projekt starten, etwas Neues auf die Erde bringen, verankern, realisieren, umsetzen, etwas ein Fundament verleihen, sich Halt und Sicherheit schenken.

Wurzelrasse Weiß – Element Luft

Element Luft – Norden – Feinabstimmung – dem Männlichen und Geistigen zugeordnet
Im Element Luft geht es um die »feine Arbeit«, die Genauigkeit, Klarheit und absolute Struktur. Die Liebe zum Detail kann sich hier in diesem Element gut verwirklichen und es kann systematisch entrümpelt werden – auf welcher Ebene auch immer!

Weiße Persönlichkeiten
Weiße Persönlichkeiten sind sehr unterschiedlich und vielfältig in ihrer Art und können gar nicht wirklich kategorisiert werden. Sie können mit ihren Worten übersprudeln, weil sie die Kommunikation

lieben, und zugleich stille Beobachter:innen sein. Sie können ausgesprochene Familienmenschen sein und zugleich das Einsiedlerleben lieben. Ihre Liebe zum Detail und zur Disziplin mag sich aber auch mal im Chaos zeigen, denn dadurch fordern sie sich selbst wieder geistig heraus. Oft wirken sie auf andere nicht wirklich greifbar.

Wenn die weißen Persönlichkeiten nicht mit der Zeitqualität ihrer Wurzelrasse verbunden sind, weil sie Umfeld bedingten oder erlernten Konditionierungen folgen, dann scheinen sie oft wie das Fähnlein im Wind, ohne eigene Meinung und wenig kritikfähig. Sie verzetteln sich dann gerne, werden unklar, kleinlich und autoritär. Ihre eigene Qualität der Klarheit benötigen sie jetzt, um Entscheidungen zu treffen, die dann meist radikaler Natur sind, denn Weiße machen keine halben Sachen.

Weiße Tage

Weiße Tage laden uns zur geistigen Aktivität, zum Aussortieren, zum Entrümpeln und zum Loslassen ein, und das immer so, wie es die gerade vorliegende Welle vorgibt. Z.B. sollten wir in einer *Roten Welle* eher alte Verhaltensweisen ändern, wohingegen uns *Weiße Tage* in einer *Blauen Welle* auffordern, das Außen loszulassen, um das Innere besser fühlen zu können.

Weiße Wellen

Weiße Wellen dienen uns zur Verfeinerung. Hier kommt unsere geistige Kraft ins Spiel: die Verbindung zu allem, was ist, zu Raum und Zeit. *Weiße Wellen* sind oftmals nicht wirklich greifbar, besonders im Kontrast zur vorhergegangenen *Roten Welle*. Es ist schon ein kleiner Quantensprung von der roten aktiven Welle zur luftigen weißen und sehr geistigen Welle. Auch hier ist es so, dass die Wellen je nach Archetyp sehr unterschiedlich sein können. Sie sind für uns immer eine Herausforderung, denn sie erinnern uns daran, dass wir in der Essenz unseres Seins *geistige* Wesen sind und es unsere Aufgabe ist, dieses hier in dieser Welt zu leben.

Archetypen

Weißer Wind – Weißer Weltenüberbrücker – Weißer Hund – Weißer Magier – Weißer Spiegel

Das Element Luft aus westlicher astrologischer Sicht

Die Luft wird in der westlichen Astrologie folgenden Sternzeichen zugeordnet: Zwillinge, Waage und Wassermann. Luft ist an sich frei, leicht und nicht wirklich greifbar, darin wollen wir uns verbinden, kommunizieren, Neues lernen, die Welt und das Leben an sich besser verstehen, auch indem es unser denkender Geist erfasst. Im Positiven gelebt ist Luft auch gleichsam Leichtigkeit und Lebensfreude!

Wenn das eigene Denken groß und weit ist, die Gedanken frei, so sind auch deine Handlungen dementsprechend grenzenlos. Und wenn die eigenen Handlungen so groß sind, werden auch die Erfolgserlebnisse im eigenen Leben definitiv größer werden. Das ist auch die Essenz, die man von den Menschen in Luftzeichen lernen kann.

Das ist ebenso die Lehre des Elements Luft in der Maya-Astrologie: Man sieht die Welt nicht so, wie andere sie sehen, sondern ganz einfach so, wie es jedem individuell möglich ist, den eigenen Fokus selbst immer wieder flexibel angepasst, wie bei einer Fotokamera!

Bei all den vielen Ideen und Gedanken, die Luftmenschen sowohl in der Maya- als auch westlichen Astrologie haben, gibt es die Gefahr von Chaos, Zerstreutheit und Nervosität. Erst recht muss man sich darum bemühen, mit beiden Beinen auf der Erde zu sein, Halt zu finden, Ordnung und Struktur zu leben, um nicht im permanenten Wirbelstrom der Ideen verloren zu gehen. Wegen des permanenten Gedankenflusses ist es auch so wichtig, dass die Ideen mit anderen kommunikativ ausgetauscht werden.

Impulse für dich, wenn du diese Karte ziehst

Verfeinern, Strukturieren, Details herausarbeiten, Klarheit schaffen, Entrümpeln, Dinge klar formulieren, Loslassen, Entgiften, Reinigung

Wurzelrasse Blau – Element Wasser

Westen – Innere Transformation – den Gefühlen und Emotionen zugeordnet

Die Wurzelrasse Blau steht für Kreativität, Intuition und Transformationskraft. Wie ein Kompass lenken uns die Blauen in die Mystik und Magie des Lebens. Es sind die Geschenke des Lebens, die uns erkennen lassen, wer wir sind. Oft sind in diesem Element äußere Aktivitäten etwas »lahmgelegt«.

Blaue Persönlichkeiten

Sie sind von ihrer Natur aus sehr sensibel und feinfühlig. Ihre Wahrnehmung ist meist tiefer als die der anderen und das Alltägliche ist oft das Mystische in ihrem Leben, über das sie stundenlang philosophieren und erzählen können. In ihrer extremen Kreativität können sie ihre Wahrnehmungen gut verarbeiten und ausdrücken. Wenn sie dieser Kreativität freien Lauf lassen, dann beginnen sie, vor Lebendigkeit überzusprudeln, obwohl sie sonst eine eher phlegmatische Spezies sind. Danach bedarf es meist aber wieder eine Phase der Ruhe und des Rückzuges. Daher lieben sie es auch, mit Gleichgesinnten in tiefen Gesprächen die Tage oder auch die Nächte zu verbringen.

Wenn die Blauen nicht mit der Zeitqualität ihrer Wurzelrasse verbunden sind, weil sie Umfeld bedingten oder erlernten Konditionierungen folgen, neigen sie dazu, sich in eine Außenseiterposition zu manövrieren und sich darin selbst leid zu tun oder esoterisch abgehoben zu sein, um ihre eigenen Gefühle nicht fühlen zu müssen. Wenn die Blauen dazu in ihrer Vergangenheit tiefe Verletzungen erfahren haben, dann fällt es ihnen noch schwerer, ihre Stärke der Sensibilität und Gefühlsfähigkeit nicht als Schwäche zu definieren und dadurch in der Opferrolle zu verharren.

Blaue Tage

Laden uns zum Rückzug ein, um uns unserer Gefühle und Emotionen klar zu werden, die die vorherrschende Welle mit sich bringt.

Blaue Wellen

Dienen uns zur Transformation. Veränderungen jeglicher Art geschehen nur wahrhaftig, wenn wir auch unsere Gefühle und Emotionen miteinbeziehen.

Archetypen

Blaue Nacht – Blaue Hand – Blauer Affe – Blauer Adler – Blauer Sturm

Das Element Wasser aus westlicher astrologischer Sicht

Die Lektion, die uns das Element Wasser immerzu im Leben lehren will: Gefühle müssen gefühlt werden, damit sie weiterfließen können, auch wenn sie schmerzhaft sind. Wenn wir uns dagegen wehren, kann unsere Seele nicht entsprechend heilen, und wir beschneiden uns der Verbindung zu unserer Intuition. Das ist unsere innere Stimme, die ebenso mit der göttlichen Quelle verbunden ist. Lernen dürfen eigentlich alle übrigen Vertreter:innen von den Wasserzeichen, die in der westlichen Astrologie folgende sind: Krebs, Skorpion und Fisch. Die Elementbedeutung von Wasser findet sich in der Art und Weise, wie das Wasser und seine Natur beschaffen sind: flüssig, frei fließend, gefroren, eisig, tief, flach. Jedes der Wasserzeichen des westlichen Tierkreises steht durch sein Sternzeichen in direktem Zusammenhang mit dem Element Wasser. Meiner Beobachtung nach benötigt von allen vier Elementen das Wasser aufgrund seines grundsätzlichen Mangels an Form und Richtung am dringendsten auch den Einfluss und Ausgleich der anderen Elemente.

Impulse für dich, wenn du diese Karte ziehst
Veränderung, Transformation, Gefühle fühlen, Emotionen ausleben, Stärke und Sensibilität, Regeneration und Rückzug, Meditation, Heilung und Spiritualität, Medialität

Wurzelrasse Gelb – Element Feuer

Element Feuer (ermöglicht einen alchemistischen Prozess) – Süden – Vollendung – Äußere Transformation – dem mentalen Anteil in uns gewidmet
Die Wurzelrasse Gelb steht für Perfektion in der Vollendung. Leichtigkeit und Umsetzung sind hier das Motto. In diesem Element sind wir zu gedanklichen Höchstleistungen fähig, um das Leben in seiner Fülle zu genießen.

Gelbe Persönlichkeiten

Verfügen von Natur aus über viel Leichtigkeit, Charisma und absoluten Charme. Sie haben ein sehr fröhliches Naturell, stehen gerne im Mittelpunkt, sind oft sehr beliebt und überaus analytisch veranlagt. Ihre Wissbegierde können sie meist zu Lebzeiten nicht befriedigen, daher saugen sie in jeglichen Situationen so viel Wissen wie möglich auf. Da sie aber auch auf der Erde sind, um uns an die Vollendung zu erinnern, ernten sie auch gerne und zelebrieren dieses am besten noch in einem geselligen Fest. Gelbe Persönlichkeiten haben ein großes Herz und einen großen analytischen Verstand. Ihre Aufgabe ist es, beides zu vereinen, denn die Ernte daraus versetzt alle Menschen in eine Fülle an Fülle.

Wenn die Gelben nicht mit der Zeitqualität ihrer Wurzelrasse verbunden sind, weil sie Umfeld bedingten oder erlernten Konditionierungen folgen, neigen sie zu extremer Unzufriedenheit und machen aus einer Mücke gerne einen Elefanten. Ihr scharfer Verstand läuft dann auf Hochtouren und jegliche allumfassende Sichtweise ist dann wie weggeblasen.

Gelbe Tage

Laden uns dazu ein, unser Leben einfach in der Fülle des Seins zu leben und nicht so viel darüber nachzudenken, wie wir es jetzt leben sollten. Die Vollendung steckt im Feuer, denn es ist das einzige Element mit einem alchemistischen Prozess. Hier können wir unsere vergangenen Erfahrungen ins Feuer legen, um mit der daraus resultierenden Asche der Erkenntnis unsere Zukunft zu erschaffen.

Gelbe Wellen

Dienen der Vollendung. Eine individuelle Fülle an Fülle zu leben, ist die einzige Bestimmung, die wir hier in dieser Welt haben. Das Bewusstsein der Alchemie ist hierbei ein wichtiger Schritt, denn die *Gelben Wellen* fassen die Erfahrungen aus den vorhergegangenen *Roten*, *Weißen* und *Blauen Wellen* zusammen und formen daraus etwas Neues. Energie folgt immer der Aufmerksamkeit: »Die Erkenntnis aus der Erfahrung ist die Medizin zur Heilung.«

Archetypen

Gelber Samen – Gelber Stern – Gelber Mensch – Gelber Krieger – Gelbe Sonne

Das Element Feuer aus westlicher astrologischer Sicht

Auch von den westlich astrologischen Feuerzeichen kann man lernen: Optimismus, Leidenschaft und innere Zuversicht resultieren aus einem Verhalten, das aktiv nach außen gerichtet enthusiastisch, bestimmt und öfter mal impulsiv ist. Beobachtest du einen Widder, Löwen oder Schützen, so wirst du erkennen, dass sich gute Gelegenheiten ergeben, wenn man in seinem Selbstausdruck Fülle lebt, das Leben feiert und zu Risiken bereit ist.

Allen drei Feuerzeichen wird zugeschrieben, dass sie leidenschaftlich sind, enthusiastisch, sehr energievoll, nach vorne springend und einfach echte Machertypen. Dabei bedienen sie sich auch der Magie der Alchemie und verwandeln den göttlichen Funken in sich, um in der Welt kraftvolle Impulse zu setzen.

Natürlich hat das auch eine negative Kehrseite, und das sind dann auch die Zeitgenossen unter den Feuermenschen, die sehr viel Wut entwickeln, weil eben sehr viel leidenschaftliches Temperament zur Verfügung steht. Um etwas abzukühlen und die eigenen inneren Bedürfnisse zu erkennen, dürfen sie von den Wasserzeichen lernen, die mehr Tiefe und Empathie aufzeigen und Gefühlshygiene beibringen.

Impulse für dich, wenn du diese Karte ziehst

Humor, Lachen, Fülle, Leichtigkeit, Alchemie, Verschönerung und Schönheitspflege, Mentalkraft, Feiern, leidenschaftlich leben, Geselligkeit nachgehen, Hobbys pflegen

DIE 20 ARCHETYPEN IN CHRONOLOGISCHER REIHENFOLGE

Roter Drache – IMIX

Startkraft, Impulskraft, Symbol der Weiblichkeit, trägt alle vier Elemente in sich, mütterlich und nährend

Tage

Der *Rote Drache* ist der erste Archetyp und der Beginn des Maya-Kalenders. Hiermit wird die weibliche Führung dieses Systems deutlich. Die maximale Startkraft liegt in der Qualität dieser Tage, denn der *Rote Drache* ist zwar dem Element Erde (Rot) zugeordnet, trägt aber gleichzeitig auch alle anderen Elemente in sich und ist damit nährend auf allen Ebenen. Das weibliche Prinzip wieder auf der Erde zu verankern, ist an diesen Tagen angebracht und immer aus der jeweiligen Sicht der vorherrschenden Welle zu betrachten, da jede Welle ein eigenes Grundthema hat und die Tagesqualitäten mit ihrem Thema dazu in Beziehung stehen.

Persönlichkeit – Licht

Rote Drachen sind oft sehr mütterlich und fürsorglich. Je mehr Aufgaben sie nähren dürfen, umso glücklicher sind sie. Für *Rote Drachen* ist »Nichtstun« die größte Strafe, da sie dann nicht in ihrem Rhythmus sein können. Sie packen an, wo Unterstützung benötigt wird und neue Projekte geplant werden. Wenn etwas schiefzulaufen scheint, bringen sie durch ihre unermüdliche Kraft alles sehr schnell wieder ins Lot. Auch wenn der *Rote Drache* sehr familiär und fürsorglich ist, benötigt er auch Freiraum, um seine Flügel ausbreiten zu können.

Persönlichkeit – Schatten

Rote Drachen setzen sich selbst gerne unter Leistungsdruck, weil sie sich oft ihrer Startkraft nicht bewusst sind und denken, sie müssten alles bis zum Schluss regeln, um dann den Erfolg zu haben. Wie eine Mutter, die ihren Kindern beim *Start* ins Leben hilft, muss der weitere Weg von den Kindern aber selbst gegangen werden, und das ist hierbei die Hauptleistung der *Roten Drachen*, die anerkennend selbst gesehen werden darf. Jede neue Herausforderung, egal, wie sie sich darauf freuen, wird *Rote Drachen* regelmäßig mit ihren Urängsten konfrontieren, wenn sie sich mit ihrem Erdendasein nicht angefreundet haben. Dieses kann über längere Zeit auch zu körperlichen Beeinträchtigungen führen, die dann durch die Krafteinschränkung schlussendlich bis zu Depressionen führen können.

Welle

Die Welle der Startkraft

Dies ist der Beginn des *Tzolkin* mit der ihm innewohnenden weiblichen Startkraft des genährten Seins. Hier werden wir mit dem Mütterlichen in uns konfrontiert. Sind wir mit Fülle an Fülle genährt worden oder bestimmt die Fülle an Mangel unser Leben? Da der *Rote Drache* alle vier Elemente in sich birgt (er kann fliegen, ins Wasser tauchen, auf der Erde gehen und Feuer speien), ist in der Startkraft auch alles enthalten.

Reflexionsfragen, wenn du diese Karte ziehst: Wie kannst du dich am besten mit der Urquelle der eigenen inneren Kraft verbinden? Inwieweit lebst du das Weibliche Prinzip? Wie steht es mit deiner eigenen Selbstfürsorge? Wie kannst du dir selbst mehr inneren Halt schenken?

Wellenimpuls: Du bist die Quelle allen Anfangs und deiner Kraft!

Tipps für Rote Drachen

Wenn der innere Leistungsdruck groß ist, weil es

gerade nicht weitergeht, schau nach, in welchem Element du dich gerade befindest (körperlich/Erde, geistig/Luft, emotional/Wasser, mental/Feuer). Gehe bewusst zu einem der anderen Elemente über, beginne dich von diesem anderen Element nähren zu lassen.

Hier zwei kleine Beispiele: Wenn die Gedanken kreisen, gehe hinaus in die Natur, mache Gartenarbeit oder fang an, in deiner Wohnung aufzuräumen. Wenn die Emotionen dich gerade durchschütteln, dann nimm dir ein Stück Papier, schreib sie auf und lass sie aus dir herausfließen, so dass du sie sehen und dir so deine Emotionen selbst sichtbar machen kannst. Wenn alles geflossen ist, dann verbrenne diesen Zettel und mache etwas ganz anderes. Aktiv in eine andere Handlung zu gehen, etwas anderes zu beginnen, kann eine wundervolle Medizin sein, um in deine Drachenkraft zu kommen.

Analogie zur westlichen Astrologie: Das Sternzeichen mit der größten Impulskraft, der Widder, bringt mit Sicherheit die meisten CEOs von Startups hervor. Wenn es aber um den weiblichen Aspekt des mütterlichen Nährens und der Fürsorge für Andere geht, steht das Sternzeichen Krebs sofort zur Stelle. Leider besteht die Ähnlichkeit aber auch darin, allzu sehr in diffusen Ängsten und Sorgen zu verharren.

Existenzängste kennt auch das Sternzeichen Stier, weil es sehr an Fülle und Sicherheit hängt. Stiere sind am stärksten mit der Quelle von Mutter Erde verbunden und zudem sehr familienorientiert.

Weißer Wind – IK

Inspiration, kommunikativ, vielseitig, offen, leicht, klar und unnachgiebig, geistiger Wirbelwind

Tage

Weiße Wind-Tage können unser Tageskonzept manches Mal aus der Bahn bringen. Ob pausenlos das Telefon klingelt, die Gedanken extreme Sprünge machen oder wir von einer Idee in die andere wandern, hier ist alles möglich. Diese Tage, immer in Anbetracht des Themas der vorherrschenden Welle, zeigen uns, dass »Umwege« nur unsere Ortskenntnisse erweitern, und dass uns eine Ablenkung manchmal klarer werden lässt.

Persönlichkeit – Licht

Weiße Winde sind die Musen unter den Archetypen. Ihre Hauptaufgabe besteht darin, Menschen mit ihren Aussagen, Worten und/oder Taten zu inspirieren. Manchmal gleicht es einer Meisterleistung, ihnen beim Erzählen zu folgen, denn viele Nebensätze und viele Quergedanken fließen hier zur Inspiration mit ein. Durch ihre Art bringen sie oft einen »frischen Wind« in muffige Gefilde und zeigen somit die Vielseitigkeit des Menschen. Ihre eigene Vielseitigkeit zeigt sich oft schon in der Kindheit, denn sie wollen alles ausprobieren.

Persönlichkeit – Schatten

Weiße Winde sind für viele oft nicht in ihrer Persönlichkeit greifbar. Aus diesem Grund nehmen sie ihre Gabe der Inspiration gerne mal als Rechtfertigung der eigenen Unklarheit auf sich selbst bezogen. Denn bei ihrer ganzen Vielfältigkeit neigen sie leider dazu, eher einfältig zu sein, wenn es sie selbst betrifft, und sich dann mit ihrer Vielfältigkeit als »Ausrede« wieder abzulenken. Sie sind für sich selbst oft die größte Hürde.

Welle

Die Welle der inneren Weisheit

Diese Welle dient uns als Inspiration und zeigt uns, welch eine Vielseitigkeit in uns steckt. Sie ist perfekt, wenn es darum geht, in einem Projekt, bei einem Thema oder einer Aufgabe andere Sichtweisen zu entdecken. Das geschieht dabei oft nicht linear, sondern die Vielseitigkeit erscheint parallel, so dass unser Verstand manchmal nicht hinterherkommt. Wir werden »gezwungen«, unserer inneren Führung zu vertrauen, welchen Weg wir einschlagen sollen. Auch hier gilt: Umwege erweitern die Ortskenntnisse. Erfahre, wieviel mehr Weisheit sich an anderen Orten deines Seins befindet, als du selbst glaubst.

Reflexionsfragen, wenn du diese Karte ziehst: Durch welche Menschen oder Umgebungen fühlst du dich am meisten inspiriert? Was willst du kommunizieren? Welche Weisheiten willst du übermitteln? An welcher Stelle fehlt es dir im Moment in deinem Leben an Struktur? Bist du bereit, dich von der Muse küssen zu lassen?

Wellenimpuls: Nur wer in mehrere Richtungen denken kann, entwickelt geniale Ideen!

Tipps für Weiße Winde

Wenn sich mal wieder alles in »alle Winde zerstreut«, hilft bewusstes Atmen, um sich wieder zu zentrieren. Bewusstes Atmen bedeutet, immer etwas länger aus- als einzuatmen, da der Körper von Natur aus darauf geprägt ist, loszulassen. In diesem Loslassen kannst du dir vorstellen, wie du all das, was dich von dir selbst ablenkt (Vorstellungen, Wünsche, Ego, Erwartungen usw.) mit dem Wind gehen lässt, und nur das übrig bleibt, was du für dein Bewusstsein jetzt benötigst.

Analogie zur westlichen Astrologie: Natürlich sind es die quirligen, kommunikativen Zwillinge, die von allen 12 Sternzeichen das Prinzip der Leichtigkeit am ehesten verkörpern. In ihrer Wirbelwind-Mentalität sind sie nicht nur für andere oft schwer zu greifen, sondern auch für sich selbst. Echte Zwillinge leben definitiv nach dem Motto: Das Genie beherrscht das Chaos! Struktur und Dranbleiben könnten sie aber von den geerdeten Steinböcken lernen.

Blaue Nacht – AKBAL

Tiefgründig, zurückgezogen, ausgeprägt medial, Heilkraft, geduldig und in sich ruhend, geborgen und ideenreich

Tage

Blaue Nacht-Tage können einem sehr unproduktiv vorkommen, denn wir strotzen dann oft nicht vor Kraft. »In der Ruhe liegt die Kraft« ist hier das Motto, denn bei all unseren weltlichen Aktivitäten kommt unsere innere Ruhe oft zu kurz. Tagträumen, Meditationen oder auch tiefgründige Gespräche erinnern uns an diesen Tagen daran, dass wir nicht »nicht spirituell« sein können, und dass unsere Medialität und Intuition für ein freies und glückliches Leben unabdinglich sind.

Persönlichkeit – Licht

Blaue Nächte sind sehr tiefgründige Persönlichkeiten. Sie hinterfragen in der tiefsten Ecke ihres Seins alles und jeden, um ihre eigene Wahrheit zu kreieren. Ihre Wahrnehmungen sind oft sehr vielschichtig, daher ist ihr Sein hier in dieser Welt für sie nicht immer ganz so leicht. Durch die ihnen angeborene Empathie und Medialität brauchen *Blaue Nächte* des Öfteren Rückzug vom Alltag und von Menschen. Sie fühlen sich am wohlsten und leichtesten, wenn sie sich mit Gleichgesinnten umgeben, um mit ihnen philosophieren zu können.

Persönlichkeit – Schatten

Blaue Nächte neigen zu Extremen. Extreme Gefühle, extremer Rückzug, extrem gelebte Spiritualität usw. Für sie ist es wichtig zu erkennen, dass nicht ganz so tief abzutauchen nicht gleichzeitig bedeutet, oberflächlich zu sein.

Welle

Die Intuitions-Welle

Die *Blaue Nacht*-Welle verbindet uns mit unserer eigenen Medialität und unserer Intuition. Passiv ist hier das neue »Aktiv«, denn wir verarbeiten viel über unsere nächtlichen Träume. Dennoch sind wir aufgerufen, unser zukünftiges Leben wach zu erträumen. Tagträumerei kann Großes in unserem Leben bewirken, wenn wir diese mit unseren Gefühlen bereichern. Unsere Welt verändert sich nur, wenn wir den Mut haben, sie neu zu erträumen.

Reflexionsfragen, wenn du diese Karte ziehst:

Darfst du dich gerade vielleicht etwas in dich zurückziehen oder aber aus der Versenkung wieder auftauchen? Wo und mit wem fühlst du dich wohl und geborgen? Vertraust du genug auf deine Intuition? Wie sehr glaubst du an die Bilder, die deine Seele dir offenbart? Möchtest du deine Medialität ausleben?

Wellenimpuls: Vertraue auf die Impulse deines Bauchgefühls, sie weisen dir den richtigen Weg!

Tipps für Blaue Nächte

Wenn das alt bewährte Vergleichs- und Bewertungsmuster mal wieder auftauchen sollte, weil andere nicht verstehen, wie tief du gerade bist, dann stoppe dich selbst darin: Mache etwas Körperliches, tanze, geh zum Sport oder Yoga, singe laut oder koche dir etwas Gutes. Wenn du so öfter reagierst, kann es ein großer Schritt in eine Form der Leichtigkeit für dich werden. Aktion statt Reaktion ist hier der Schlüssel zu deiner Lebensfülle.

Analogie zur westlichen Astrologie: Es gibt mit Sicherheit kein Sternzeichen, welches tiefgründiger als der geheimnisvolle Skorpion ist. Keines, das mehr mit der Welt der Träume verbunden ist als das Sternzeichen Krebs oder ein Sternzeichen, das Medialität und Heilkraft verkörpert, wie die Fische. Alle drei Wasserzeichen der westlichen Astrologie verkörpern in ihren Archetypen die Essenz der *Blauen Nacht*.

Gelber Samen – KAN

Fröhlich, Saatkraft, Wachstum, Reichtum, Ernte, Fülle, Entfaltung, das Licht nach der Dunkelheit

Tage

Da im Samen die Vollendung bereits enthalten ist, ist dies ein guter Tag für einen neuen bewussten Weg in die Fülle des Seins. Welche Fülle das ist, ist immer aus der jeweiligen Sicht der vorherrschenden Welle zu betrachten, da jede Welle ein eigenes Grundthema hat und die Tagesqualitäten mit ihrem Thema dazu in Beziehung stehen. Hier gilt Mut zur Veränderung, denn Neues kann nicht auf alten Wegen erfahren werden.

Persönlichkeit – Licht

Gelbe Samen sind die geborenen Optimisten, mit ihrer fröhlichen, sorglosen Art verstreuen sie die Samenkörner der Leichtigkeit in dieser Welt. Sie sind in der Lage, jedes Gespräch durch ihre offene Art mit Tipps, Tricks, Charme und Humor zu bereichern, ziehen jedoch tiefe und ernsthaftere Gespräche vor, in denen sie in den Kern der Sache vordringen – in den Samen eben.

Persönlichkeit – Schatten

Leider können *Gelbe Samen* ihre fröhliche Sorglosigkeit oft nicht für sich selbst nutzen. Meist sind sie auf dem Sprung und suchen gern in allem Neuen im Außen ihre Erfüllung. Es gleicht einer lebenslangen Aufgabe der *Gelben Samen*, bei sich selbst anzukommen. Nur wenn sie den Druck des Verstandes, ihre Bestimmung erkennen zu müssen, verstehen, werden sie es schaffen, dieses in sich auszugleichen, um zu erfahren, dass alles bereits in ihnen angelegt ist. Sie müssen sich nur darauf ausrichten und alles wird da sein.

Welle

Die Leichtigkeits-Welle

Diese Welle hat es in sich, denn sie verbindet uns mit der Leichtigkeit des Seins. Leichtigkeit im Leben wollen alle gerne haben, aber fast niemand möchte die alten und liebgewonnenen Strukturen so einfach aufgeben. Wir werden hier gebeten, die gespeicherten Bilder unseres Lebens neu zu prägen, indem wir uns mit unseren Glaubenssystemen auseinandersetzen. Wenn du glaubst, du hast bestimmte Dinge nicht verdient, dann wird es auch so sein. Wenn du eine fröhliche Sorglosigkeit in deinem Leben haben möchtest, dann musst du die gespeicherten Bilder deines Lebens mit deiner Natürlichkeit neu prägen. Es geht um die freudige Entfaltung, um das Samenkorn, welches jetzt in Leichtigkeit und in einer perfekten Zeit gepflanzt werden kann. In dieser Welle sind wir experimentierfreudig, wissbegierig und motiviert, unser Erlebtes und Erfahrenes auch umzusetzen. JETZT ist die Zeit für das Neue wirklich gekommen!

Reflexionsfragen, wenn du diese Karte ziehst:

Wie kannst du das Leben an sich wieder mehr feiern?

Was gibt dir Leichtigkeit? Wann warst du das letzte Mal völlig losgelöst fröhlich? An welches Projekt darfst du ruhig optimistischer herangehen? Welcher neue Same darf mit Leichtigkeit in deine Welt gepflanzt werden?

Wellenimpuls: Schenke der Welt jeden Tag dein Lächeln und sie lacht zurück!

Tipps für Gelbe Samen

Such dir ein Hobby oder einen Ausgleich in deinem Leben, bei dem dein Verstand nicht so gefragt ist. Such dir etwas, was dir Freude und Leichtigkeit beschert und du keine Verantwortung oder leitende Position übernehmen musst. Sei vielleicht ein Teil eines Teams, in dem du allein für deinen Spaß an der Sache bist, dein Licht aber nicht unter den Scheffel gestellt wird. Ach so, und wenn du das gefunden hast, dann bleib auch bitte mal ein wenig und sei nicht nur auf dem Sprung.

Analogie zur westlichen Astrologie: Mit ganz viel Herzensmut, Charisma und Lebensfreude erhellen die Löwen das Leben ihres Umfelds. Wer einen Löwen in seinem engsten Umfeld hat, der weiß, wie wunderbar sie uns zu tollen Aktivitäten, die Spaß bringen, motivieren können. Wenn es um sorglose

Leichtigkeit geht, sind aber ebenso die Zwillinge wunderbare Zeitgenossen. Ebenso teilen sie mit Freude das viele Wissen, was sie aufgrund ihrer unbändigen Neugier ständig sammeln.

Rote Schlange – CHICCHAN

Maximale Erdverbundenheit, Häutung, aktiv, Kundalini-Energie, Sinnlichkeit, intensiv und verführerisch

Tage

Diese Tage bringen uns in Verbindung mit unserer Vitalkraft und unserer Leidenschaft für das Leben. Ganz oder gar nicht ist hier oftmals die Devise, die auch schon mal beim einen oder anderen für Unbehagen sorgen kann. Die Schlange zeigt uns nämlich durch ihre gespaltene Zunge, dass es immer zwei Wege, zwei Möglichkeiten gibt, und dass wir uns entscheiden müssen, welchen wir jetzt wählen. Auch auf unsere Körperlichkeit und Sexualität kann hier ein Fokus gelegt werden. Die Schlange spricht immer die Wahrheit, die aber oftmals nicht so gerne gehört werden möchte. Natürlich muss das immer aus der vorherrschenden Welle betrachtet werden, da jede Welle ein eigenes Grundthema hat und die Tagesqualitäten mit ihrem Thema dazu in Beziehung stehen.

Persönlichkeit – Licht

Rote Schlangen sind intensiv und lieben es auch, intensiv zu sein. Ihren maximalen Bodenkontakt und ihren Fokus auf Aktivität und Leidenschaft wollen sie absolut ausleben. Sie sind meist sehr fürsorgliche und äußerst erfolgreiche Menschen, die eine mitreißende und sehr anziehende Wirkung auf andere haben. Ihre Kommunikation lädt andere immer dazu ein, ihre eigenen Möglichkeiten zu wählen. Und um dies der Welt zu zeigen, dazu sind die *Roten Schlangen* da.

Persönlichkeit – Schatten

So intensiv die *Roten Schlangen* im Licht sind, so intensiv kann auch ihre Schattenseite sein. Wenn Schlangen ihre eigene Kraft nicht leben, können sie sehr schnell in tiefe Opferrollen verfallen, in die sie manipulativ gerne andere mit hineinziehen, um ihnen dann noch die Schuld daran zu geben. Abhängigkeiten werden dann auch ein großes Thema. Diesen können sie nur entfliehen, indem sie sich ihre »alten Häute«, die sie so liebgewonnen haben, bewusst machen und sich radikal davon trennen. Selbst eine ehrliche Wahl zu treffen, ist hier der Lösungsweg.

Welle

Die Welle der Leidenschaft

Die *Rote Schlangen*-Welle zeigt uns immer die zwei Möglichkeiten, die es gibt. Entweder sehen wir uns weiterhin als Opfer oder wir wählen den Weg der Leidenschaft in unserem Leben, der viele weitere Möglichkeiten für uns bereithält. Aber auch hier gibt es wieder alte Muster, die sich zeigen, denn, wie wird es immer so schön gesagt: »Leidenschaft, die Leiden schafft.« Vielleicht erkennst du hier die Tragweite dieser Welle, die uns wahrhaftig auffordert, uns von den alten Dogmen, den alten Häuten zu befreien, um eine klare, natürliche, erdige und leidenschaftliche Weiblichkeit in uns zu entwickeln. Ob du eine Frau, ein Mann oder divers bist, spielt hier überhaupt keine Rolle, denn Weiblichkeit ist ein Anteil in jedem Menschen.

Reflexionsfragen, wenn du diese Karte ziehst:

Wie kannst du dein Leben mehr nach dem Lustprinzip gestalten? Wieviel Leidenschaft steckst du in die Dinge, die du tagtäglich tust? Wo ist dir deine Leidenschaft abhandengekommen? Wann hält dich falsche Scham zurück? Welche radikale Entscheidung könnte dein Leben jetzt verändern?

Wellenimpuls: Manchmal musst du alte Häute abstreifen, um ganz du selbst zu werden!

Tipps für Rote Schlangen

Als *Rote Schlange* bist du essenziell wichtig für die wortwörtliche Entwicklung der Weiblichkeit, also roll dich aus und bleib auf deinem Boden, ansonsten sind deine Bisse für zwischenmenschliche Beziehungen »tödlich«, anstatt in homöopathischen Dosen heilsam.

Analogie zur westlichen Astrologie: Es gibt kein Sternzeichen, dessen Intensität mehr gefürchtet und zum Teil verrufen ist wie den Skorpion. Leidenschaftlich steht er für seine Wahrheit ein und nimmt auch in Kauf, dass seine Worte sich für Andere oft wie Gift anfühlen mögen. Ebenso wie die *Rote Schlange* neigt er dazu, sich in Beziehungen, Umstände und Themen zu verstricken. Als astrologische Energie entspricht der *Roten Schlange* aber auch der sensitive Punkt in der Astrologie, die Lilith. Diese steht für die Urweiblichkeit, weiblichen Magnetismus und Verführungskraft, aber auch für unsere kollektive Angst, aus dem Paradies geworfen zu werden. So entstammt Lilith auch eben der Paradiesszene aus der Bibel und gilt hier in manchen Schriften als Adams erste Frau und/oder die Schlange im Paradies.

Weißer Weltenüberbrücker – CIMI

Loslassen, Hingabe, Demut, sortieren, multidimensional, Klarheit, Welten überbrückend

Tag

Die Hingabe an das Leben steht heute ganz oben auf der To-Do-Liste. Dich deinem Leben hinzugeben heißt, auch mal alte eingetretene Pfade zu verlassen, geplantes über den Haufen zu werfen und das zu nehmen, was gerade kommt. Nicht sehr leicht für viele in dieser männlich dominierten Welt der Zielorientiertheit. Und genau dafür sind diese Tage Gold wert, denn sie zeigen uns, dass wenn wir das Leben einmal leichtnehmen können, der Weg des Lebens auch leicht sein kann – manchmal nicht greifbar, aber unerwartet produktiv. Die Intensität dieses Tages ist immer aus der jeweiligen Sicht der vorherrschenden Welle zu betrachten, da jede Welle ein eigenes Grundthema hat und die Tagesqualitäten mit ihrem Thema dazu in Beziehung stehen.

Persönlichkeit – Licht

Weiße Weltenüberbrücker sind die personifizierten »Stecknadel im Heuhaufen-Finder«. Nichts bleibt ihrem klaren Geiste verborgen, weil sie das Loslassen in jeder Sekunde ihres Lebens üben. »Was interessiert mich mein Geschwätz von gestern«, beschreibt die Leichtigkeit in den Veränderungen in ihrem Leben. *Weltenüberbrücker* sind wahrhaftig prädestiniert dafür, Welten zu überbrücken und in Leichtigkeit Neues zu erschaffen.

Persönlichkeit – Schatten

So klar die *Weißen Weltenüberbrücker* die Stecknadeln für andere finden können, umso vernebelter und unklarer sind sie oft für sich selbst, wenn sie nicht gelernt haben, loszulassen. Wenn dieser Archetyp sich nicht damit beschäftigt, das, was er unbedingt will, was aber gerade nicht klappt, loszulassen, um einen anderen und leichteren Weg zu finden, wird er im Leben des Öfteren scheitern. Die Leichtigkeit seines Seins bleibt dann auf der Strecke. Demut wird somit zu einem Fremdwort. Um die eigenen Welten zu überbrücken, müssen hier alte Ufer bewusst losgelassen werden, ansonsten entsteht eine intensive Unzufriedenheit, und wie ein eingesperrtes Tier beginnen *Weiße Weltenüberbrücker* dann, wild um sich zu beißen.

Welle

Die Loslass-Welle

In dieser Welle können wir geistige Feinarbeit leisten, indem wir einmal ganz klar hinschauen, was schon längst sein »Mindesthaltbarkeitsdatum« überschritten hat. Eine Weisheit der Dakota besagt: »Wenn du entdeckst, dass du ein totes Pferd reitest, steig ab.« Diese Welle lädt dich ein zu schauen, welche toten Pferde du in deinem Leben reitest, und was du alles dafür tust, um dich von dieser Tatsache abzulenken.

Reflexionsfragen, wenn du diese Karte ziehst: Welche Beziehung, welches Projekt, welches Grundthema hat in deinem Leben längst schon das Ablaufdatum überschritten? Wieviel Hingabe schenkst du deinem Leben? Zwischen welchen Welten stehst du gerade? Wo ist gerade Loslassen wichtig, um weiterzukommen? Was ist wirklich wichtig für dich?

Wellenimpuls: Du reist besser mit leichtem Gepäck!

Tipps für Weiße Weltenüberbrücker

Wenn sich etwas für dich nicht leicht anfühlt, sich nicht leicht umsetzen lässt oder dich nicht beflügelt, dann ist es für dich auch nicht richtig. Die meisten Menschen müssen lernen, »dranzubleiben«, nicht gleich aufzugeben. Dieses »Dranbleiben« ist für dich als *Weißer Weltenüberbrücker* kontraproduktiv und auf Dauer krankmachend. Erlaube dir, dass deine Erfahrungen anders sind als die der anderen Menschen, und vergleiche dich nicht. Wenn du hörst: »Du machst aber auch immer alles anders!«, dann ist das ein absolutes Kompliment an dich. Umgekehrt gilt natürlich das Gleiche, denn die anderen machen ihre Erfahrungen anders als du. Und jegliche Abwertung dessen ist auch eine Abwertung deiner selbst. Wer Welten überbrücken will, muss auf dem Boden der Tatsachen bleiben.

Analogie zur westlichen Astrologie: Mit allem, was eine fleißige Jungfrau tut, versprüht sie Demut und Hingabe an ihre Arbeit im Dienst für Andere, etwas Größeres oder die Menschheit. Mit viel Klarheit, aber auch Anpassungsfähigkeit gestaltet eine Jungfrau ihr Leben und scheut sich nicht davor, auch auszusortieren und die Energien zu klären, wenn sie merkt, dass sie nicht mehr effektiv handeln kann. Ein *Weltenüberbrücker* im spirituellen Sinne ist auch das Sternzeichen Fisch, dass der Jungfrau als Oppositionszeichen genau gegenüber im Tierkreis steht. Der Fisch ist das letzte Zeichen der 12 Tierkreiszeichen und befindet sich somit in einer Zwischenwelt zwischen End- und Anfangsenergien. Aber auch sein Interesse und Sein ist häufig genau davon geprägt, in verschiedenen nicht greifbaren Welten zu schwimmen auf der steten Suche nach Sinn, Heilung und neuen Dimensionen.

Blaue Hand – MANIK

Helfer:in in der Not, Retter:in, kreativ, vielseitig und sehr geschickt, Handwerk und Handelskraft

Tage

Diese Tage eignen sich besonders gut für Heilbehandlungen jeglicher Art und für die Umsetzung der eigenen Kreativität. Alles das, was wir sonst anderen zukommen lassen, dürfen wir jetzt einfach uns schenken, für uns selbst sorgen bzw. für uns selbst handeln, immer aus der jeweiligen Sicht der vorherrschenden Welle. Diese Tage erinnern uns daran, dass wir zwei Hände haben. Die eine zum Geben, die andere zum Nehmen.

Persönlichkeit – Licht

Sie sind der Tausendsassa der Kreativität und des Tatendranges, die Helfenden in der Not und die, auf die du immer zählen kannst. Kreativität haben sie im

Überfluss und das Leben ist für sie absolut zu kurz, um all das umzusetzen. Sie sind die, die mit ihren Händen, in welchem Bereich auch immer, Berge versetzen können. *Blaue Hände* sind inspirierend und manchmal überfordernd zugleich, da sie gerne von einer Idee in die nächste springen.

Persönlichkeit – Schatten

Blaue Hände sind sehr gut darin, andere zu inspirieren, ihnen mit Rat und Tat zur Seite zu stehen und zu helfen. Leider vergessen sie oft, dass man nur anderen wirklich eine Hilfe sein kann, wenn man sich selbst helfen kann. Sie neigen dazu, sich in ihren Ideen und Inspirationen zu verzetteln und dann im Endeffekt nichts davon umzusetzen bzw. vieles zu beginnen, aber nur einiges davon abzuschließen. Oft sind sie es, die erst einmal Hilfe benötigen, Hilfe annehmen müssen, um auch wahrhaftig geben zu können. An alle *Blauen Hände*, die in einem Heilberuf arbeiten (für den sie absolut prädestiniert sind): Das, was du für andere anbietest, gib es als Allererstes dir selbst und erlaube dir, dafür Hilfe in Anspruch zu nehmen.

Welle

Die Helfer:innen-Welle

Die *Blaue Hand*-Welle möchte uns daran erinnern, dass es immer Hilfe für uns gibt, auch wenn wir sie nicht immer sofort sehen. Diese Welle zeigt dir, dass du durch dein eigenes Handeln für dich in dein tiefes Gefühl eintauchen kannst, um wiederum in eine tiefe Heilung zu gehen. Wer in dieser Zeit an deiner Seite ist, bleibt auch, wer hier nicht da ist, wird auch in Notfällen nicht sein.

Reflexionsfragen, wenn du diese Karte ziehst: In welchem Bereich solltest du dir Hilfe von außen holen? Gibt es einen Bereich, der dringend Heilung benötigt? Wie kannst du dein Helfersyndrom abmildern und dir selbst helfen? Wie kannst du mehr Kreativität in dein Leben integrieren?

Wellenimpuls: Hilfe und Heilung sind immer da, du musst nur darum bitten!

Tipps für Blaue Hände

Über den eigenen Schatten zu springen, das eigene Chaos zu entlarven und sich den dazugehörigen Gefühlen zu stellen, ist der einzige Weg in die eigene Authentizität. Diese Authentizität und deine helfende Hand werden in dieser Welt dringend gebraucht. Also fang an, indem du bei jeglichem helfenden Gedanken für andere dieses auch für dich tust und dir ggf. dazu Hilfe holst. Denn geben funktioniert nur bedingungslos, wenn wir auch nehmen können, ansonsten entsteht ein subtiler unfairer Handel, von dem der oder die andere nichts weiß.

Analogie zur westlichen Astrologie: Anderen zu helfen und sie zu unterstützen, ist wohl für die drei Zeichen Krebs, Jungfrau und Fische eine der Haupt-Triebfedern im eigenen Leben. Dabei darf vor allem der Krebs darauf achten, auch mal selbst um Hilfe zu bitten und sein angeborenes Helfersyndrom zu heilen. Die Jungfrau überzeugt bei der Unterstützung durch ihren Dienst für Andere häufig mit ihrer Geschicklichkeit und Handwerkskunst. Und die Fische haben im besten Fall die Fähigkeit, mit ihrer Kunst und Kreativität die Seelen ihrer Mitmenschen zu erhellen und zu heilen, zu ihrer Berufung gemacht.

Gelber Stern – LAMAT

Harmonie und Ästhetik, Strahlkraft, Sinn für Schönes, großes Qualitätsbewusstsein, ausgewogen und perfektioniert

Tag

Die *Gelber Stern*-Tage verbinden uns mit der Schönheit des Lebens, sie zeigen uns die Harmonie dieser Welt in Kleinigkeiten, die, wenn wir sie bewusst wahrnehmen, für uns zu einer großen Bedeutung werden können. Sie fordern uns auf, uns mit der Harmonie in uns zu verbinden und zu schauen, ob sich diese auch in unserem Leben widerspiegelt – immer in Bezug zur vorherrschenden Welle zu betrachten, da jede Welle ein eigenes Grundthema hat und die Tagesqualitäten mit ihrem Thema dazu in Beziehung stehen. Erkennen wir dadurch Disharmonien in unserem Leben, dann wissen wir auch, was wir zu tun haben.

Persönlichkeit – Licht

Gelbe Sterne stehen für die Schönheit des Lebens und für die Harmonie. Sie haben oft ein unwiderstehliches Charisma und bringen, egal wo sie sind, Glanz und Freude mit. Disharmonien in ihrem Umfeld sind für sie kaum aushaltbar, weshalb sie nicht auf Dauer darin bleiben können und weiterziehen müssen. Wie echte Sterne können sie gut im Verbund sein, müssen aber solitär für sich glänzen, indem sie ihre Erfahrungen für sich selbst machen und auch oft mit sich selbst ausmachen. *Gelbe Sterne* sind für viele nicht gut aushaltbar, da sie von innen heraus leuchten und dieses ihren Mitmenschen spiegeln.

Persönlichkeit – Schatten

Wenn *Gelbe Sterne* sich zu lange in Disharmonien befinden und diese aus eigenem Antrieb nicht verlassen können, was ja häufig in der Kindheit der Fall ist, dann vergessen sie ihr inneres Leuchten und werden streng, perfektionistisch und bewertend. Sie verfallen dann oft in einen eigenen Perfektionsanspruch, der viel Druck auf sie selbst ausübt. Sterne sieht man am besten in der Dunkelheit leuchten. Deshalb ist es für frustrierte matte Sterne unumgänglich, sich mit den Schattenseiten ihres Lebens auseinanderzusetzen, um in die eigene Strahlkraft zu kommen.

Welle

Die Harmonie-Welle

Es ist halt nicht immer alles Gold, was glänzt. Diese Welle ist die letzte Welle im *Tzolkin* und zeigt uns, dass wir wahren Erfolg im Leben, wahren Glanz und Harmonie in unserem Sein nicht über unser Ego aufbauen können. Hier werden wir aufgefordert, die zu sein, die wir authentisch sind, und nicht die, die wir unbedingt sein wollen. Jeder Mensch ist wie ein Stern am Himmel, mit seinem eigenen Leuchten, seinen eigenen Eigenschaften.

Reflexionsfragen, wenn du diese Karte ziehst: Was in deinem Leben ist im Moment unharmonisch? Was kehrst du gerade unter den Teppich, was dir eigentlich am Herzen liegt? Wann lebst du nur »schönen Schein«? Was brauchst du, um aus dir selbst heraus zu strahlen und zu leuchten?

Wellenimpuls: Deine Einzigartigkeit ist dein wahrer Glanz!

Tipps für Gelbe Sterne: Warte nicht darauf, dass sich die äußeren Umstände deinem Bedürfnis von Harmonie anpassen, sondern passe dein äußeres Leben deinen Bedürfnissen an, in dem du ihnen Raum gibst und Disharmonien authentisch klärst. Blenden ist hier nicht die richtige Lösung, sondern nur eine Selbstverklärung.

Analogie zur westlichen Astrologie: Die Waage ist ein sehr ästhetisches Tierkreiszeichen, das alles Schöne und Harmonische liebt. Oftmals wird dem Sternzeichen Waage aber die eigene Harmoniesucht zum Fluch und es wird aus dem Wunsch heraus, keine Disharmonien zu erleben, zu sehr auch ein falscher Schein gewahrt. Das Problem kennt auch die Jungfrau zum Teil, weil sie sich öfters sogar schon fast einem Zwang unterwirft, alles schön und ordentlich im Alltag zu gestalten. Der Moment der Selbstverklärung lässt sich auch beim Löwen häufig beobachten. Hier wird öfter mal ein unechtes Schauspiel konstruiert, um sich selbst in den Glanz und Mittelpunkt stellen. Dabei besitzen auch alle drei Sternzeichen eigentlich die Gabe, wie der *Gelbe Stern* authentisch aus sich heraus zu strahlen.

Roter Mond – MULUC

Selbstwert, Lebensgenuss, Verbindung von männlicher und weiblicher Energie, weich, Erinnerung an die eigene Göttlichkeit

Tag

Roter Mond-Tage erinnern uns daran, dass unser Lebensfluss von unserem Lebensgenuss abhängig ist. Immer in Bezug zu der vorherrschenden Welle zu betrachten, da jede Welle ein eigenes Grundthema beinhaltet und sich die Tagesqualitäten mit ihrem Thema dazu verhalten, dürfen wir hier schauen, ob wir dieses Grundthema in unserem Leben genießen können. Lebensgenuss bedeutet, die Dualität in unserem Leben anzunehmen, männlich und weiblich gleichermaßen zu leben und zu verbinden, denn wenn ich etwas Leckeres essen möchte, muss ich, um das zu tun, auch in eine Handlung gehen – es reicht nicht, immer nur die Speisekarte zu studieren. Der *Rote Mond* bringt uns auch in den Kontakt mit der Natürlichkeit im Leben, den Zyklen und Rhythmen und unseren individuellen eigenen Rhythmen. Diese Tage sprechen besonders oft unsere gesamten Sinne an.

Persönlichkeit – Licht

Rote Monde leben die Sinnlichkeit in vollen Zügen, und zwar absolut nach ihrem eigenen Rhythmus. Sie sind intensiv, leidenschaftlich, genussvoll und oftmals sehr körperlich, was für das Gegenüber manchmal eine Herausforderung ist, sollte er oder sie nicht im eigenen Lebensfluss sein. *Rote Monde* versuchen, das Leben in jedem Augenblick zu feiern, und lieben es, andere auch dafür zu begeistern, denn in ihnen liegt die Weisheit der Rhythmen und der Leidenschaft für das zyklische Leben.

Persönlichkeit – Schatten

Wenn *Rote Monde* noch nicht ihren eigenen Rhythmus gefunden haben, neigen sie zu Selbstdarstellung und Drama. In jedem Moment wünschen sie sich dadurch insgeheim, in ihrer Weisheit gesehen zu werden. Meist haben sie zahlreiche Aus- und Fortbildungen zu verzeichnen und sind mit viel erlerntem Wissen ausgestattet, welches sie gerne und überall kundtun. Dieses Verhalten macht die eigentlich sehr anziehenden *Roten Monde* für viele eher abstoßend, solange, bis sie ihren männlichen und weiblichen Anteil erkannt und integriert haben.

Welle

Die Lebensgenuss-Welle

Diese Welle verbindet uns mit unseren weiblichen und männlichen Anteilen des Lebens. Hier werden wir gebeten zu verstehen, dass die Annahme der Dualität in uns der Beginn ist, unsere eigenen Rhythmen und Zyklen erst zu erkennen. Nur wenn wir unserer Weiblichkeit (unserem Gefühl, unserer Intuition, unserem inneren Wissen) über ein männliches Handeln danach Ausdruck verleihen, fließt unser Leben und wir können genießen. Hier können wir klar erkennen, in welchen Bereichen wir das nicht tun, weil wir uns selbst Staudämme erschaffen.

Reflexionsfragen, wenn du diese Karte ziehst:

Was blockiert deinen Lebensfluss? Für die Frauen: Wie sehr bist du mit deinem weiblichen Zyklus im Einklang? Wie kannst du Gefühl und Handlung in Einklang bringen? In welchem Bereich sind die Pole

»Männlich« und »Weiblich« in dir nicht ausgeglichen? Was schenkt dir Lebenslust?

Wellenimpuls: Um im Leben fließen zu können, müssen wir den eigenen Rhythmen des Lebens vertrauen.

Tipps für Rote Monde: Um in deinen eigenen Rhythmus zu kommen, lege dir doch ein Tagebuch oder Journal zu und notiere ganz ehrlich deine Gefühle und Gedanken, um dich mit der Dualität in dir zu verbinden. Beginne, dich durch deinen Rhythmus selbst zu sehen, dann wird es dir leichter fallen, den Rhythmus und das Wissen anderer wertzuschätzen. Dort, wo deine Welten enden, beginnen die Welten anderer, und die Überschneidungen sind die Bereicherungen, die dich in deiner Entwicklung pushen.

Analogie zur westlichen Astrologie: Der Stier erlebt den größten Genuss durch Mutter Natur und all ihre Gaben, wie auch gutes Essen und leibliche Sinnlichkeit. Ein Stier hat im besten Fall auch einen natürlichen Zugang zum eigenen Körper und ist präsent da mit seinem Sein auf der Erde. Der Mond, Herrscher des Zeichens Krebs, ist unweigerlich mit dem Weiblichen verbunden. Ein Mondzyklus dauert etwa bis zum nächsten Vollmond, so lange wie der weibliche Zyklus: 28 Tage. Übrigens fragt man in Frankreich heute noch: »T'as tes lunes?« (»Hast du deinen Mond?«) für die Periode.

Weißer Hund - OC

Liebe und Loyalität, Gemeinschaft, Familie und Herzensweisheit, warmherzig, gutmütig und tolerant

Tag

Diese Tage verbinden uns, immer in Bezug zum Thema der vorherrschenden Welle, mit der Liebe zu uns und zur Gemeinschaft. Sie verbinden uns mit unserer Herzensweisheit, die niemals richtend oder verurteilend, aber durchaus bewertend ist. Etwas zu bewerten bedeutet, sich für eine Herzensweisheit in sich zu entscheiden, und das dient immer dem Wohle aller. Etwas zu verurteilen ist dagegen eine Entscheidung aus dem beurteilenden Ego heraus und dient keinem. *Weiße Hund*-Tage machen uns also klar, dass alles, was wir tun und denken, immer eine Auswirkung auf die Gemeinschaft hat. Sorgst du für dich selbst, sorgst du für alle. Sei du das Vorbild in dieser

Welt für das, was sie benötigt – Toleranz, Liebe und Verbindung.

Persönlichkeit – Licht

Weiße Hunde sind die »Border Collies« unter den Archetypen. Die Gemeinschaft, in der sie sich befinden – ihr Rudel –, versuchen sie mit all ihrer Liebe zu umsorgen und zusammenzuhalten. Sie sind sehr aufmerksam und sind sich in keiner Sekunde zu fein dafür, ihre Herzensweisheit mit den Ihren zu teilen und damit helfend und unterstützend zur Seite zu stehen. Sie wirken bei Weitem nicht so kühl und unnahbar wie die anderen weißen Siegel. Ihr ausgeprägtes Gerechtigkeitsbewusstsein lässt sie gerne für andere Partei ergreifen, denn ihre Botschaft ist einzig und allein die Liebe.

Persönlichkeit – Schatten

Die größte Herausforderung für *Weiße Hunde* sind ihre eigenen Erwartungen. Wenn sie sich nicht mit den Verletzungen ihrer Vergangenheit auseinandergesetzt und versöhnt haben, und hier sind oft viele zu finden, da sie sehr emotionale Menschen sind und meist als Kinder falsch verstanden werden, sind sie im Geben ihrer Herzensweisheit und Liebe leider nicht bedingungslos. Mit Rückzug, mürrisch, zickig und auch bockig reagieren sie dann oft auf für sie falsche Reaktionen, falsches Handeln anderer, weil sie das persönlich auf sich beziehen. Oftmals benötigt es den Schritt des anderen, damit die *Weißen Hunde* aus ihrem Leidensdilemma herauskommen. Nur wenn der *Weiße Hund* erkennt, dass seine Liebesbotschaft erst einmal für ihn gilt, wird er seine Berufung als Erfüllung und nicht als Bürde sehen können.

Welle

Die Liebes-Welle

Hier können wir klar erkennen, wie es um die Liebe zu uns steht, indem wir, passend zu den einzelnen Tagesqualitäten, die Liebe darin zu uns und in der Gemeinschaft sehen. Bedingungslose Liebe kann nur entstehen, wenn wir für uns etwas bewerten. Durch eine Bewertung: »Finde ich für mich gut oder nicht gut«, können wir Entscheidungen für uns selbst treffen. Nur wenn ich mir selbst erlaube, Entscheidungen für mich zu treffen, kann ich die anderer auch gut akzeptieren, ohne mit ihnen emotional zu diskutieren oder sich gar von ihnen abzuwenden. Kleiner Tipp an alle Emotionalen, die die Dinge gerne auch mal persönlich nehmen: im Kontakt zu bleiben und nachzufragen, hilft ungemein.

Reflexionsfragen, wenn du diese Karte ziehst: Lebst du bedingungslose Liebe? In welchen Bereichen kümmerst du dich zu sehr um Andere und zu wenig um dich? Knüpfst du vielleicht zu viele Bedingungen an dein Gegenüber? Wo schränken dich zu viele Erwartungen eher ein? Welche Freundschaften bereichern dein Leben?

Wellenimpuls: Vertraue deiner Herzenskraft und sei dir selbst gegenüber loyal.

Tipps für Weiße Hunde: Beginne damit, dich zu disziplinieren und nichts, aber auch gar nichts, persönlich zu nehmen. Mach daraus deine persönliche Challenge und immer, wenn du merkst, dass du die Dinge persönlich nimmst, stoppe dich. Das Leben dreht sich zwar um die Liebe, aber alles im Leben dreht sich nicht immer um dich.

Analogie zur westlichen Astrologie: Waagen beschäftigen sich in ihrem Leben häufig viel mit zwischenmenschlichen Beziehungen, und so ist die Bindung zu anderen ihr wichtigstes Territorium. Treue und Loyalität ist kaum einem Sternzeichen wichtiger, beziehungsweise wird so stark vertreten und gelebt wie vom Sternzeichen Waage.

Blauer Affe – CHUEN

Humorvoll und extrem kreativ, das Innere Kind, Künstlerseelen, sensibel, verrückt, witzig und spontan

Tag

Diese Tage verbinden uns immer mit unserer Spontanität und unserer Kreativität. Hier findet das verspielte Kind in uns Ausdruck, um uns zu zeigen, dass das Leben Spaß macht, wenn wir nicht alles so eng sehen und uns selbst freien Lauf lassen. Achtung: Das kann auch, immer aus der jeweiligen Sicht des Themas der vorherrschenden Welle mit ihrem Grundthema, eine wenig schräg werden, denn manchmal spielen die inneren unerlösten Kinder verrückt. Dann gilt es, bei diesem Affenzirkus nicht mitzumachen oder diesen zu hinterfragen. Bestes Motto in einem »verrückten Umfeld«: Nicht mein Zirkus, nicht meine Affen!

Persönlichkeit – Licht

Blaue Affen sind die kreativsten Persönlichkeiten, die ich kenne – wahrhaftige Künstlerseelen. Sie haben den Schalk im Nacken und sind sich für keine lustige und verrückte Idee zu schade. Sie nehmen das Leben leicht und locker, so wie es halt kommt, und sie lieben es, in den Tag hineinzuleben und immer wieder Neues zu entdecken. Besonders Kinder mögen diese Persönlichkeiten sehr gerne, weil sie selbst noch so verbunden sind mit ihrem eigenen Inneren Kind. *Blaue Affen* sind aber auch sehr sensibel und erfassen Stimmungen wie auch Emotionen anderer in Bruchteilen von Sekunden.

Persönlichkeit – Schatten

Ihre große Stärke der Sensibilität und Kreativität ist den *Blauen Affen* oftmals erst einmal selbst eine Bürde. Dadurch, dass sie so sensibel sind, haben sie oft in ihrer eigenen Kindheit unverstandene Stimmungen und Emotionen aufgenommen. Um damit besser umgehen zu können, haben sie versucht, diese für sich mit ihrem Humor, ihrem Witz und mit ihrer Kreativität zu verarbeiten und dabei meist ihren eigenen Schmerz verdrängt. Wird nun das eigene unverstandene und verletzte Innere Kind getriggert, können sie blitzschnell ziemlich schräg werden und ihre Beobachtungen und ihre Sensibilität gegen andere benutzen. Das kann mitunter ein echtes Ausmaß an Psychospielchen und Verletzungen mit sich bringen und wird erst aufhören, wenn die eigenen

Verletzungen angesehen werden, das eigene Affentheater aufhört und sie sich aus der Opferrolle ihrer Kindheit befreien wollen.

Welle

Die Innere-Kind-Welle

Während dieser Welle bekommen wir Zugang zur Leichtigkeit oder Schwere unseres Inneren Kindes. Humor und Schmerz ist eine Dualität, die in uns akzeptiert werden muss, um ein erfülltes Leben zu führen. Hier werden wir gebeten zu schauen, in welchen Bereichen wir wie unser verletztes Kind reagieren und wie wir eine kreative Lösung finden, die unsere Leben dann mit mehr Freude und Spaß bereichert. Die Sensibilität und die Kreativität dieser Welle lädt uns ein, das Leben zu leben, wie es eben ist, und nicht zu versuchen, die Kontrolle über unsere Gefühle zu erlangen, damit wir denken, das Leben beherrschen zu können.

Reflexionsfragen, wenn du diese Karte ziehst: An welcher Stelle bedarf es mehr Humor und Kreativität in deinem Leben? Wann hast du das letzte Mal über dich selbst gelacht? Welche Innere-Kind-Thematik darfst du dir genauer ansehen? Bist du dir deiner Sensibilität bewusst? Lebst du deine Künstlerseele? Was unterdrückst du mit deinem Sarkasmus?

Wellenimpuls: Das ganze Leben ist ein Spiel!

Tipps für Blaue Affen: Nutze deinen großartigen Humor und deine Kreativität, um dich aus der selbstgemachten Opferrolle zu befreien. Fange an, über dich selbst zu lachen und nicht immer alles auf die Goldwaage zu legen! Sollte sich diese Opferrolle als zäh und schwierig erweisen, dann hole dir einfach Hilfe, um dir deiner verletzten Gefühle bewusst zu werden.

Analogie zur westlichen Astrologie: Verspieltheit, Freude und Leichtigkeit, das verkörpern die Zwillinge. Mit viel Humor und häufig einem fröhlichen Lachen begegnen sie ihrer Umwelt. Dabei verbergen sie ebenso wie die Löwen häufig auch ihre verletzte Kinder-Seele. Ganz einfach, weil sie beide gelernt haben, dass die Welt ihre Freude genießt und braucht. Weil eben nicht jeden Tag für die *Blauen Affen*, Zwillinge oder Löwen die Sonne scheinen kann, gibt es auch eine Schattenseite, dunklen Humor und Sarkasmus.

Gelber Mensch – EB

Überfluss, Glück und freier Wille, alles in einem vereint, intellektuell und sehr wissend

Tag

An diesen Tagen sind wir in der absoluten Verbindung mit uns als Mensch, denn um uns als göttliches Wesen zu erfahren, ist es wichtig, das »Mensch-Sein« zu akzeptieren. Dazu gehört auch die Akzeptanz der Dualität (Hell und Dunkel, Gut und Böse, Männlich und Weiblich usw.), in der wir leben, und die letztendlich der Ausdruck unseres Seins ist. Um es einfach zu sagen: Du hast den freien Willen, dich hier in Fülle, Freude und Glück zu erfahren oder dem Verstand und deinen Gedanken die Übermacht zu geben und aus deinem Leben ein kompliziertes Ding zu machen. Das bedeutet nicht, dass du für irgendetwas, das dir widerfahren ist, die Schuld trägst. Oder dass du das, was Schlimmes in dieser Welt passiert, gut finden musst. Es bedeutet, dass du jetzt die Möglichkeit hast, durch andere Gedanken zu deinem Leben dieses einfach neu zu gestalten. Natürlich immer in Bezug zum Thema der vorherrschenden Welle, da jede Welle ein eigenes Grundthema mitbringt. Je nachdem, welche Welle gerade vorherrscht, können wir die Erfahrung machen, welchem freien Willen wir denn da folgen.

Persönlichkeit – Licht

Gelbe Menschen enthalten in ihrem Lebensprogramm die absolute Fülle des Lebens. Sehr intellektuell und extrem wissbegierig saugen sie auf und analysieren, was sie bekommen können. Wie ein Computerspeicher sortieren sie ihr aufgenommenes Wissen, um zu ergründen, wie sie es am erfolgreichsten einsetzen können. Sehr willensstark und mental manifestierend, zeigen sie uns als absolute Gewinnertypen, was möglich ist, wenn wir uns die Fülle an Fülle erlauben.

Persönlichkeit – Schatten

Wenn die Fülle an Fülle das Licht ist, dann kann nur die Fülle an Mangel der Schatten sein. *Gelbe Menschen* neigen dazu, wenn sie ihr Gewinner-Gen noch nicht entdeckt haben, alles, was einfach ist, kompliziert zu machen. Ihr Gehirn läuft dabei auf Höchstleistung und versucht, immer mehr zu sammeln, als eigentlich verarbeitet werden kann. Ihr innewohnendes Feuer halten sie so im Zaum und löschen es auch gerne, wobei dann auch gerne die anderen die Schuld an ihrer Erfolglosigkeit bekommen, oder das System, in dem wir leben, oder, oder, oder … Bewerten und Verurteilen gehört dann zu ihrem Tagesgeschäft, und genauso sieht dann ihr eigenes Leben auch aus.

Welle

Die Fülle-Welle

Diese Welle verbindet uns mit unserem freien Willen und unserer Wahlmöglichkeit als Mensch, denn in uns ist das Göttliche schon natürlich enthalten und findet über den freien Willen seinen Ausdruck. Was lebst du und was wählst du? Eine Fülle an Fülle oder eine Fülle an Mangel? Was bedeutet für dich persönlich, in der Fülle zu sein, denn das ist wirklich ein ganz individuelles und persönliches Empfinden? Die *Gelbe-Mensch*-Welle erinnert uns daran, dass die wahre Macht, unser Leben in Freude, Fülle und Glanz zu leben, aus Herz und Verstand, Gefühl und Handlung gemeinsam hervorgebracht wird, und dass wir diesen alchemistischen Prozess in uns erlauben müssen. Richtig genutzt, ist diese Welle der absolute Joker in unserem Leben.

Reflexionsfragen, wenn du diese Karte ziehst:

Wann boykottierst du dein angeborenes Recht auf Fülle mit deinen Mangelgedanken? Wann gibst du deine Eigenverantwortung zu sehr ab, anstatt deinem freien Willen zu folgen? Was in dir verhindert

Erfolg und Reichtum? An welcher Stelle trennst du dich von der göttlichen Quelle? In welchem Bereich machst du es dir komplizierter durch dein unentwegtes Zerdenken?

Wellenimpuls: The winner takes it all!

Tipps für Gelbe Menschen: Wenn du die bewusste Entscheidung triffst, alle dir bekannten und vielleicht auch neue Möglichkeiten in dein Leben mit einzubeziehen, ohne immer gleich etwas ganz Kompliziertes daraus zu machen, bist du automatisch in der Fülle des Lebens. Jegliche Abwertungen sind immer Bewertungen, die gegen dich gerichtet sind und dadurch Mangel in dein Leben bringen und dich unglücklich sein lassen. Steige bewusst aus diesem Kreislauf aus und wende dich Dingen zu, die dich mit deinen Gefühlen konfrontieren bzw. verbinden.

Analogie zur westlichen Astrologie: Alle drei Sternzeichen Löwe, Schütze und Wassermann haben einen sehr gewinnenden Auftritt in der Welt. Ebenso wittern alle drei häufig wie grinsende Joker einen Gewinn hinter jeder lockenden Chance. Optimismus und die grundsätzliche Prämisse, all die Fülle des Universums verdient zu haben, macht sie häufig erfolgreich. Doch so neigt der Löwe öfter mal dazu, anderen seinen sehr starken Willen aufzuzwingen und wird durch den permanenten Wunsch nach Glanz und Gewinn innerlich unfrei. Die grenzenlose Fülle, nach der der Schütze ständig strebt, kann auch in Übermut und »zu viel« des Guten enden, auch er darf, wie die beiden anderen, lernen, dass Bescheidenheit eine sinnvolle Tugend ist. Dass es gar nicht so leicht ist, bescheiden zu sein, erfährt auch hin und wieder der Wassermann. Gerade die besonders erfolgreichen Exemplare feiern gerne ihre Genialität und entwickeln hierbei nicht selten auch mal eine gelebte Arroganz.

Roter Himmelswanderer – BEN

Pioniergeist, Abenteuer, Freiheit, Revolution, mutig, unabhängig, undogmatisch und sehr modern

Tage

Diese Tage fordern uns auf, immer aus der jeweiligen Sicht des Themas der gerade aktuellen Welle, ein Risiko einzugehen, unser Bewusstsein für das Thema zu revolutionieren und den Mut zu haben, dieses dann auch langfristig zu leben. Aktive Umsetzung für ein freieres Leben ist hier das Programm. Nicht lange darüber nachdenken, sondern machen und glücklich sein über eine neue und bereichernde Erfahrung. Die einzig wahre Konstante im Leben ist und bleibt nun mal die Veränderung. Sollten wir diese nicht wirklich mögen und ihr gerne aus dem Weg gehen, dann kann sich an diesen Tagen auch schnell mal alles Gestaute entladen.

Persönlichkeit – Licht

Sie sind die Revolutionäre, die geborenen Schwimmer:innen gegen den Strom und die Mutigen, die alles, was ihnen nicht sinnvoll erscheint, in Frage stellen. Die *Roten Himmelswanderer* sind, wie der Name schon vorgibt, stetig auf Reisen. In ihrem Inneren und auch im Außen wollen sie ständig neue Impulse erfahren und neue Abenteuer bestreiten, was für ihr Umfeld nicht immer einfach ist, denn sie sind in sich immer frei und ungebunden. Einen *Himmelswanderer* als Freund:in oder Partner:in zu haben funktioniert nur, wenn man ihn ziehen lässt, wenn der Ruf ihn ereilt. Dann aber hat man jemanden an seiner Seite, bei dem es nie langweilig wird, dem der Gesprächsstoff nicht ausgeht und der sein Umfeld motiviert, alles schaffen zu können. Völlig unkonventionell und immer auf einen Kick wartend, wird das Leben der *Roten Himmelswanderer* nie langweilig sein.

Persönlichkeit – Schatten

Sich einzugestehen, wirklich anders zu sein und andere Bedürfnisse zu haben als die meisten anderen Menschen, ist die größte Herausforderung der *Roten Himmelswanderer*. Mühevoll versuchen sie oft, sich anzupassen und dem Mainstream zu folgen, um das Gefühl der Zugehörigkeit zu bekommen. Je länger sie ihren natürlichen Freiheitsdrang unterdrücken, um gesellschaftsfähig zu sein, umso mehr staut sich die ungelebte Kraft oftmals als Wut in ihnen, und sie können dann äußerst jähzornig und verbittert werden. Der Befreiungsakt kann hier nur radikal sein, denn es ist die Revolution, die ihnen die Freiheit gibt.

Welle

Die Abenteuer-Welle

Diese Welle lädt uns dazu ein, unser Leben zu revolutionieren und Abenteuer zu leben. Sie gibt uns den Mut, Schritte in die persönliche Freiheit zu gehen und auf Konventionen und gesellschaftliche Regeln mal zu pfeifen. Wer hoch hinaus will, muss die alten Pfade auch mal verlassen, um neues Land zu entdecken. Auch hier wird uns noch mal klar gezeigt, dass die einzig wahre Konstante die Veränderung ist.

Reflexionsfragen, wenn du diese Karte ziehst: Welche Abenteuer warten auf dich? Welche innere Revolution darfst du jetzt starten? Wo kämpfst du zu sehr gegen dich selbst? Welchen ausgetretenen Pfad musst du jetzt verlassen? Wo hat dich dein Mut verlassen?

Wellenimpuls: Hör auf, dich in vorgegebene Rollen hineinzuquetschen, nur den Mutigen gehört die Welt!

Tipps für Rote Himmelswanderer: Anders zu sein, bedeutet nicht, besser oder schlechter zu sein, nur einfach anders. Und dieses »Anders-sein« muss unbedingt wertfrei angenommen werden, um mit dir selbst und mit dem »Anders-sein« der anderen Frieden zu schließen. Als Pionier:in der Individualität hast du die klare Aufgabe, Individualität in diese Welt der Anpassung zu bringen. Zuerst in deine eigene innere Welt, dann hinaus ins Leben, und zwar mit liebevoller Selbstverständlichkeit.

Analogie zur westlichen Astrologie: Das Leben an sich ist ein Abenteuer. Manchmal überschlagen sich Ereignisse und so sind wir als Menschen häufig mit unvorhergesehenen Umwälzungen konfrontiert.

Manchmal ist es aber auch umgekehrt so und man muss selbst eine Revolution anzetteln oder die Welt verändern. Dafür braucht es die ganz Mutigen, das sind im Tierkreis die Widder, Schützen und Wassermänner, die sich häufig in unvorhersehbaren Situationen am besten bewähren und Schritte einleiten und gehen, die noch niemand zuvor gegangen ist. Auch um Anderen und im Sinne einer besseren Welt einen Weg zu ebnen.

Weißer Magier - IX

Gedankenkontrolle, spirituelle Kraft, Schöpfung durch den Geist, zeit- und raumlos, Herzensmacht, authentisch

Tag

Diese Tage verbinden uns klar und deutlich mit der Magie unseres Lebens. Kein »Hokuspokus«, sondern unsere geistige Schöpferkraft in Verbindung mit unserer Authentizität wird die wahren Wunder vollbringen. Das Leben um uns herum ist allein unsere Schöpfung. Je authentischer, ehrlicher und demütiger wir werden, immer in Bezug zum Thema der gerade aktuellen Welle, desto klarer wird unsere Lebensschöpfung. Loslassen der alten Vorurteile Magie und Spiritualität gegenüber stehen hier ganz oben auf dem Programm.

Persönlichkeit – Licht

Weiße Magier-Persönlichkeiten haben es nicht immer einfach in ihrer Entwicklung. Ihre geistige und schöpferische Macht ist intensiv, und um dieses wahrhaftig leben zu können, werden sie von ihrem Leben daraufhin lebenslang geschult. Wie ein roher Diamant werden sie vom Leben geschliffen, damit sie in ihrer Schöpferkraft authentisch und mit Herzenskraft glänzen können. Sie sind da, um uns an das zu erinnern, was möglich ist, wenn wir unser geistiges Potenzial ausschöpfen. Sie sind da, um uns zu zeigen, dass die Magie des Lebens allgegenwärtig ist und uns auffordert, diese in Leichtigkeit zu nutzen.

Persönlichkeit – Schatten

Ein *Weißer Magier*, der sich seiner Aufgabe nicht bewusst ist, hat oft Probleme mit dem Ego, mit Autoritäten und mit Ehrlichkeit. Erst der Prozess der Demut lässt ihn authentisch werden und seine subtilen Manipulationsspielchen selbst entdecken. Es ist eine große Herausforderung, den oder die eigene:n Täter:in in sich zu erkennen, um aus einer ewigen Opferhaltung herauszukommen. Denn die eigene Herzenswahrheit kommt erst ans Licht, wenn die Herzen und Gefühle anderer auch akzeptiert und nicht mehr manipuliert werden. So funktioniert Schöpfung.

Welle

Die Schöpfer-Welle

Der *Weiße Magier* verbindet uns mit einem Energiefluss, der uns klar zeigt, was wahrhaftig in unserem Leben ist und was nicht. Klar lässt uns diese Welle erfahren, in welchen Bereichen wir nicht authentisch sind und unser Ego die Regie übernommen hat. Auch Ethik und Moral sind hier ein Thema, um wahrhaftig zu schauen, was wir hier in dieser Welt leben, und was davon unser eigener Anteil ist. »Du erntest, was du säst«, ist die Kernaussage in dieser Welle der Schöpferkraft. Jeder Gedanke, jedes Gefühl, ist ein klarer Auftrag an unser Leben. Wollen wir unser Leben verändern, müssen wir zuerst bei uns selbst anfangen.

Reflexionsfragen, wenn du diese Karte ziehst:

Was will deine innere Schöpfungskraft erschaffen? Was hindert dich, dein authentisches Selbst zu leben? Wieviel Magie und Spiritualität lässt du in deinem Leben wirken? Wo begrenzt du deine Gedankenkraft? Vertraust du auf dein Herz?

Wellenimpuls: Alles ist Magie!

Tipps für Weiße Magier: Das Leben steht immer auf deiner Seite. Nur wenn du meinst/denkst/glaubst, du stehst darüber, wird es dich lehren, was du benötigst, um dein Ego zu bändigen, damit du die Schöpferkraft deines Lebens aus dem Gefühl heraus nutzt. Die eigenen Spielchen werden dir hierbei die größten Lehrmeister sein, räume in dir auf und lass zu, dass sie die Tiefen deines Seins reinigen, damit du anfangen kannst, ein bedingungsloses Leben zu führen. Wahre Macht braucht Herzensweisheit, und diese benötigt wiederum Zeit, um zu entstehen – also, hab ein wenig Geduld mit dir, oder lerne, sie zu haben.

Analogie zur westlichen Astrologie: Interessant an dieser Stelle ist, dass im Tarot von Waite & Smith die Karte *Magier* meist dem Sternzeichen Zwillinge zugeordnet wird. *Der Magier* ist der Zauberer, der sprichwörtlich einmalig ist, und seine Individualität und Einzigartigkeit verkörpert, in dem er der Welt seine Schöpferkraft präsentiert. Das passt natürlich gut zu uns emsig wirkenden Zwillingen, in dem wir ständig bemüht sind, die Welt mit unseren Ideen zu verzaubern. Dasselbe tut im Übrigen in ähnlicher Manier auch der Wassermann, vor allem, indem er seine Originalität und den Funken des Besonderen in die Welt bringt. Ebenso ein Sternzeichen, das eng mit der Magie verwoben ist, ist natürlich auch der Fisch. Er kennt weder Zeit noch Raum, wenn er auf der Welle der Magie schwingt und schwimmt.

Blauer Adler – MEN

Überblick und Visionskraft, das Adlerauge, geduldig und zukunftsweisend, selbstermächtigt und strategisch gut

Tag

Blaue Adler-Tage helfen uns mit ihrer Energie dabei, einen Überblick zu bekommen, immer in Bezug zum Thema der aktuellen Welle. Hier können wir einfach mal vom Boden abheben, sehen, was schon hinter uns liegt, was es jetzt zu erledigen gibt und welche Vision dadurch entsteht. Der blaue Adler ist tief verbunden mit unseren Gefühlen und lässt diese sanft emporsteigen, so dass die Aussicht auf das Neue in uns erwachen kann. Diese Tage sind auch dafür da, um uns klarzumachen, dass wir ruhig und bei guter »Bodenhaftung« auch mal abheben dürfen, um unsere wahre Größe zu erfahren und darin selbstermächtigt Visionen zu kreieren.

Persönlichkeit – Licht

Blaue Adler haben das sprichwörtliche Adlerauge und somit immer und überall den Über- und meist auch den Durchblick. Sie sind die Visionäre dieser Zeit und haben die Kraft, wahrhaftig Neues schon jetzt zu erkennen, und sei es noch so unglaublich. Mit ihrer meist königlich distanzierten Art wirken sie oft unnahbar, sind aber in Wirklichkeit näher, als man glaubt. Sie sind die Spezies, mit denen wir die absurdesten Pläne schmieden können, weil sie die verrücktesten Ideen und Visionen dazu beisteuern. Die perfekten Mitarbeiter:innen für innovative Unternehmen, die sich etwas trauen.

Persönlichkeit – Schatten

So großartig ihr Überblick und die daraus resultierenden Visionen auch sind, *Blaue Adler* müssen auch mal »zuschnappen« und ihre Beute fangen, ansonsten fallen sie irgendwann verhungert und frustriert vom Himmel. *Blaue Adler*, die nicht gut in dieser Welt verankert sind, neigen zu Tagträumereien und zum geistigen Abheben, was immer zu dem Resultat führt, dass sie das Gefühl haben, vom Leben nicht genährt zu sein. Aus diesem Mangel heraus können sie ohne

Vorwarnung ziemlich aufbrausend und auch aggressiv werden, ihre »Schotten« zu machen und sich in ihre eigene Welt flüchten. Die Vogel-Strauß-Politik ist hier dann oftmals an der Tagesordnung.

Welle

Die Visions-Welle

In dieser Welle werden wir aufgefordert, unseren jetzigen Standpunkt zu verlassen und uns ein wenig von dem, was wir gerade leben, zu distanzieren, um einen Überblick zu bekommen. Einen Überblick über unsere Vergangenheit, über das, was jetzt für uns als Nächstes ansteht, und einen Ausblick in unsere Zukunft, damit wir eine große Vision von uns selbst erschaffen können. In dieser Welle geht es nicht nur darum, eine Vision zu erschaffen, sondern auch schon zuzugreifen und mit dem Adlerauge zu erfassen, was jetzt schon zur Verwirklichung dieser Vision getan werden kann – landen und abheben – immer wieder.

Reflexionsfragen, wenn du diese Karte ziehst:

Wie kannst du einen Überblick über das Große Ganze erlangen (die berühmte Meta-Ebene)? Wie kannst du erkennen, dass du gerade vielleicht deine eigenen Probleme größer machst, als sie es eigentlich sind? Wie kannst du dich am besten selbst ermächtigen, deinen Visionen Raum zu geben?

Wellenimpuls: Erkenne, dass kein Traum zu groß oder eine Idee zu verrückt ist!

Tipps für Blaue Adler: Große Visionen und einen Überblick zu haben, ist nur wundervoll, wenn du auch bereit bist, deine »Beute« auf die Erde zu bringen. Ansonsten wirst du des Öfteren einfach verhungert vom Himmel fallen und mit der Zeit davon ziemlich frustriert sein. Nutze dein Adlerauge, um dich zu fokussieren und einfach anzufangen, alles Weitere wird sich dann auf dem Weg zeigen.

Analogie zur westlichen Astrologie: Wie der zukunftsorientierte Wassermann oder der abenteuerliche Schütze mit weitem Horizont. Beiden würden auch eine gute Struktur und realistischer Weitblick guttun, wie sie ein Steinbock z.B. hat, um ihre Visionen auch erfolgreich umsetzen zu können.

Gelber Krieger – CIB

Natürliche Autorität, Führungsqualität, eigenverantwortlich und unabhängig, selbstsicher und intelligent

Tag

Gelbe Krieger-Tage erinnern uns an die Herz-Kopf-Balance, immer in Bezug zum Thema der aktuellen Welle. Das eigene innere Wissen mit sich selbst zu verbinden, bringt hier Erkenntnisse ohne Kampf – souverän statt kriegerisch. Auch die klare Kommunikation darüber ist jetzt gewünscht. Beachte dabei: Je mehr wir über unsere ersten Gefühle/Impulse nachdenken und überlegen, was jetzt zu tun wäre, wie wir evtl. etwas ansprechen können, umso mehr verfälscht sich unsere anschließende Handlung. Diese wird dann zu einer kontrolliert gesteuerten Handlung, die wir aber als das eigene Gefühl wahrnehmen – tricky, nicht immer leicht und eine absolute Übungsaufgabe, mit der wir uns alle 20 Tage beschäftigen können.

Persönlichkeit – Licht

Gelbe Krieger verfügen über eine angeborene starke Intuition, eine starke Verbindung zum eigenen Wissen, und sie können mit ihrer Logik, die alles miteinander verbindet, tiefe Veränderungen bewirken. Wie ein wandelndes Lexikon können sie in ihrer Kraft auf alles Wissen zurückgreifen, das sie sich (auch zeit- und raumübergreifend) erarbeitet und auch erfahren haben. Sie wissen um ihr Wissen und leben dieses souverän in einer wahren Vorbildfunktion. Immer darauf achtend, dass Herz und Kopf miteinander verbunden sind. Sie zeigen uns, dass jeglicher Kampf gegen andere immer ein Kampf gegen uns selbst und unsere innere Autorität ist, und dass wir diesen Kampf aufgeben müssen, um ein souveräner Mensch zu sein.

Persönlichkeit – Schatten

Das größte Problem der *Gelben Krieger* ist ihr Ego, wenn sie selbst Herz und Kopf noch nicht in Balance gebracht haben. In ihrer Dysbalance kämpfen sie schier um jegliche Form der Anerkennung, in dem sie sich immer kleiner machen, als sie sich letztendlich fühlen. Werden *Gelbe Krieger* darauf hingewiesen, dann kommt oftmals ihre schier unermessliche Selbstsicherheit zum Vorschein, die anderen kaum noch Luft zum Atmen lässt. Plötzlich haben sie sämtliche Weisheiten und Gefühle für sich parat und die Meinung oder das Gefühl der anderen hat jetzt keinen Raum mehr.

Welle

Die Welle des inneren Wissens

Inneres Wissen, das tiefe Bauchgefühl in uns, ist etwas, was kaum beschreibbar ist. Jeder Mensch erfährt inneres Wissen für sich individuell, indem er beginnt, Herz und Kopf in eine Balance zu bringen. Demut dem Leben, der Natur, anderen Menschen gegenüber wird hier gefordert, damit die bewusste Macht der Veränderung in uns und »Macht mit« anderen gelebt werden kann. Klare Kommunikation von reflektiertem Bewusstsein ist hier Programm, ansonsten verwandelt es sich leicht wieder durch Ignoranz und Sturheit in einen Kampfmodus, in unser Ego und damit in eine »Macht über«. Diese Welle ist perfekt geeignet für alle Kontrollfreaks, die Kontrolle abzugeben.

Reflexionsfragen, wenn du diese Karte ziehst: Wie kannst du dein Wissen besser vermitteln? In welchen Bereichen sprichst du nicht über deine Gefühle? Wie kommst du aus deiner Verkopftheit am besten heraus? Wie kannst du für andere ein Vorbild sein? Stehst du dir gerade selbst im Weg? Übst du vielleicht zu viel Macht über andere aus? Wie kann der Kampf zwischen Herz und Kopf zur Ruhe kommen?

Wellenimpuls: Dein inneres Wissen ist unendlich!

Tipps für Gelbe Krieger: Übe dich darin, deine Gefühle, Gedanken und Meinungen klar mitzuteilen, dich klar zu positionieren. Übe dieses tagtäglich und bleibe dabei diszipliniert. Dann bist du zwar konkreter und dadurch angreifbarer, aber eben auch authentisch. Zwischen Herz und Kopf sitzt der Hals, der hier die Verbindung ist und durch die Kommunikation den Ausgleich schafft. Dies ist der einzige Weg, um in deine eigene Klarheit zu kommen.

Analogie zur westlichen Astrologie: In der westlichen Astrologie trägt der Steinbock die Last und Weisheit der Welt auf den Berggipfel des Lebens. Steinböcke sind stets am Aufstieg orientiert und stehen sich aber dabei auch häufig bei ihrem Streben nach Status, Verantwortung, Struktur und Erfolg selbst im Weg. Steinböcke sind meist höchst verstandesorientierte Menschen und erinnern an die liebevolle Weisheit eines gutgesonnenen Großvaters oder Großmutter.

Rote Erde – CABAN

Urvertrauen und weltliche Synchronizität, praktisch, erfolgreich und tatkräftig, sehr sicher und produktiv

Tag

Rote Erde-Tage verbinden uns mit der Welt, in der wir leben. Sie animieren uns, unser Leben aktiv selbst zu gestalten. Dazu müssen wir verstehen, dass Energie immer der Aufmerksamkeit folgt. Diese Tage bringen uns das, was wir in der Vergangenheit verankert haben. Haben wir Urvertrauen in uns verankert, dann folgt unsere Energie diesem Vertrauen und wir ziehen quasi synchron dazu die entsprechenden Menschen, Erfahrungen usw. in unser Leben. Leben wir Unsicherheiten und Angst, weil diese in uns verankert sind, dann zeigen sich in unserem Leben synchron die dementsprechenden Menschen und Erfahrungen.

Persönlichkeit – Licht

Rote Erde-Typen sind die Macher:innen unter den Archetypen. Sie sind aktiv, produktiv und zielstrebig, ohne den Anschein jeglicher Anstrengung zu zeigen, denn sie tun einfach, ohne groß zu überlegen. Absolute Erfolgstypen, die die Synchronizität in Vollendung beherrschen, ohne ständig darüber zu reden. Sie sind die Menschen für das grobe Gerüst. Sie bauen »Stein auf Stein« und überlassen anderen die Feinarbeit, da Details nicht ihre Stärke sind. Durch sie können wir sehen, was möglich ist, wenn wir einfach vertrauen.

Persönlichkeit – Schatten

Wenn *Rote Erde*-Typen nicht in ihrer Kraft sind,

nehmen sie sich gerne die Kraft der anderen, indem sie das kritisieren, bemängeln oder als Ratschlag mit auf den Weg geben, was sie selbst nicht beherrschen – ein sehr destruktiver Kreislauf. Unsicher und fast immer von Existenzängsten (auch oft körperlich) geplagt, steht hier Lebensfreude nicht gerade an erster Stelle. Alles andere als aktiv verbringen sie dann gern ihre Zeit mit Grübeln über alle möglichen Eventualitäten. Urvertrauen scheint dann ein absolutes Fremdwort zu sein. Das größte Hindernis der *Roten Erden* sind meist sie selbst.

Welle

Die Urvertrauen-Welle

Wie keine andere Welle verbindet die *Rote Erde*-Welle uns mit dem Vertrauen zu uns und unserer Umwelt. Jetzt werden wir gebeten zu schauen, wann wir schon vertrauen und wann wir vielleicht nur denken, dass wir dieses tun. Die Erlebnisse in unserem Leben zeigen uns hier, wie unsere Ausrichtung ist. Ängste jeglicher Art kommen ans Tageslicht, um gesehen und bewegt zu werden. In dieser Welle können wir uns ein neues Fundament für unser Urvertrauens schaffen, in dem wir uns mutig den Ängsten stellen, die unser Leben regieren und auch die Leben der anderen Menschen in unserem Umfeld. Wenn wir jetzt trainieren, ein aktiver und leidenschaftlicher

Mensch zu sein, dann wird unsere Produktivität zu hundert Prozent belohnt.

Reflexionsfragen, wenn du diese Karte ziehst: Kannst du deinem Umfeld deine Emotionen wirklich offenbaren? In welchen Dingen ist jetzt eine Handlung erforderlich und in welchen genau nicht? Wann plagen dich Existenzängste? In welchem beruflichen Thema verrennst du dich vielleicht gerade? Wodurch kannst du wieder mehr Halt finden? Wo stimmt deine Work-Life-Balance gerade nicht?

Wellenimpuls: Du erschaffst deine eigene Realität!

Tipps für Rote Erden: Bevor du andere bewegen willst, bewege dich selbst – egal wohin. Beginne deine eigenen Unsicherheiten zu sehen, die dir andere oft spiegeln und die du wahrscheinlich überhaupt nicht gerne siehst, geschweige denn jetzt hier liest. Setze dir selbst ein eigenes Ziel, einen eigenen groben Plan, und beginne mit der Umsetzung. Beginne, dir in dieser Umsetzung zu vertrauen, dann wird dein Leben in einer ungeahnten Art und Weise darauf reagieren. Du musst nur die Entscheidung dazu treffen und dir ggf. bei der Umsetzung Hilfe holen. Ja genau, DU musst dir Hilfe holen, um dir selbst mehr

Sicherheit zu verschaffen und um dich nicht wieder selbst auszutricksen.

Analogie zur westlichen Astrologie: Wie die *Roten Erden* sind Jungfrauen wirklich praktisch, vernünftig, aufmerksam und bemerken das Unbemerkte, aber auch Fehler mit ihrem messerscharfen Blick fürs Detail. Logisch, vernünftig, geerdet wissen sie aber im besten Fall, dass niemand perfekt ist, auch sie nicht. Sie analysieren sich und ihr Verhalten regelmäßig. Und sie machen sich Sorgen um andere und helfen, wann sie nur können.

Weißer Spiegel – ETZNAB

Klar und absolut strukturiert, Illusionen durchbrechend und punktgenau, Wahrheit findend und reinigend

Tag

Weiße Spiegel-Tage sind da, um ganz klar unsere Illusionen zu durchbrechen, die wir uns in Bezug zum Thema der vorherrschenden Welle angeeignet haben. Für die einen als Geschenk, für die anderen eher als Übel empfunden polarisieren diese Tage sehr stark, denn sie konfrontieren uns immer mit uns selbst. Klarheit steht hier ganz oben auf der Liste, und diese zieht sich durch das gesamte Spektrum unseres Seins. Alles, was uns von unserem authentischen Leben abhält, wird hier gnadenlos sichtbar gemacht.

Persönlichkeit – Licht

Weiße Spiegel sind klare Desillusionisten, die mit ihrem gesprochenen Wort immer da landen, wo Illusionen um jeden Preis erhalten werden sollen, oder was gesehen werden möchte, aber noch nicht erkannt wurde. Das macht diese Menschen für die einen zu den liebsten und für die anderen zu den gefürchtetsten in ihrem Umfeld. Das ist für die *Weißen Spiegel* leider nicht immer leicht, weshalb sie selbst darauf achten sollten, dass sie ihre Fähigkeiten dahin bringen, wo sie mit offenen Armen empfangen werden – ob privat oder beruflich.

Persönlichkeit – Schatten

Klar bei anderen Menschen die Illusionen zu durchschauen, heißt nicht, es bei sich selbst zu können. Und hier sind wir gleich schon beim wunden Punkt der *Weißen Spiegel*. Wenn *Weiße Spiegel* ihre Macht des Desillusionierens erkannt haben und diese nutzen, um von der eigenen Unklarheit abzulenken, sind sie die geborenen Machthaber:innen. Ihre scharfe Zunge kann dann wie ein schneidendes Schwert tief verletzen, weil die eigenen Verletzungen unbedingt unterdrückt, aber eigentlich doch gesehen werden möchten. Leider ist dann ihr eigener Spiegel »blind« und ihr eigenes Leben alles andere als geordnet und klar. Um sich daraus selbst zu befreien, müssen *Weiße Spiegel* lernen, sanfter mit ihren Worten umzugehen.

Welle

Die aufklärende Welle

Hier stehen Struktur, Klarheit und Ordnung ganz oben auf dem Programm. Illusionistische Selbst-Perspektiven werden hier gnadenlos aufgedeckt und systematisch gereinigt. Diese Welle bringt faule Kompromisse, abgelaufene Beziehungen, falsche Jobs und lang anstehende Entscheidungen mit den dafür vorhandenen Erkenntnissen auf den Punkt. »Jeder möchte Ehrlichkeit, aber keiner verträgt die Wahrheit.« Jetzt ist die Zeit für Wahrheit! Spannend hierbei ist, dass die Wahrheiten, die diese Welle mit sich bringt, oft ziemlich spontan und in banalen Situationen kommen, dann, wenn wir es uns gerade mal nicht wieder schönreden können.

Reflexionsfragen, wenn du diese Karte ziehst: An welchem Punkt in dir herrscht keine Klarheit? Was bedarf mehr Struktur? Welcher Wahrheit möchtest du aus dem Weg gehen? Was spiegelt dir deine aktuelle Lebenssituation? Welche Menschen und Themen triggern dich und warum? Wie ehrlich bist du?

Wellenimpuls: Ehrlich währt am längsten!

Tipps für Weiße Spiegel: Wahrheit und Ehrlichkeit sind Werte, die diese Welt braucht. Und du als *Weißer Spiegel* trägst dazu bei. Nur beachte, dass jeder Spiegel zwei Seiten hat, und wenn du etwas ganz klar siehst, dann entscheide dich, welche Seite du wählst für deine Worte. Die klare und mitfühlende Seite, weil du weißt, wie sich das anfühlt? Oder die klare harte Seite, weil du selbst nicht in deinen eigenen Spiegel schauen magst?

Analogie zur westlichen Astrologie: Auch der Waage, dem Steinbock und dem Wassermann geht es um die Harmonie des Vollkommenen. Ein Steinbock ist gut im Abschließen seiner To Do's, Wassermänner sind ständig am Reflektieren und eine Waage braucht nicht nur Schönheit, sondern auch innere Ordnung. Vor allem die Waage lebt davon, dass sie sich selbst im

Abbild eines Gegenübers spiegeln kann und so selbst besser mit sich in eine Verbindung kommt.

Blauer Sturm – CAUAC

Maximale Beschleunigung, intensiv, schnell, Transformationskraft und Generalüberholung, sehr spontan

Tag

Blaue Sturm-Tage sind die Tage, die die schnellste Veränderung bewirken. Diese Veränderungen geschehen immer in Bezug auf das Thema der aktuellen Welle, da jede Welle ein eigenes Grundthema mitbringt. Alles Alte, Überholte, Unfertige und Stagnierende kommt jetzt in die Gänge, um sich einer Generalüberholung hinzugeben. Gründlich wird hier in jeder Ecke unseres Seins gefegt, damit auch die letzten Leichen, die sich evtl. noch im Keller befinden, ans Licht kommen. Diese Tage können einer emotionalen Achterbahn gleichen, der wir uns unbedingt hingeben sollten, damit uns der Spaß garantiert ist. Denn auch wenn es an diesen Tagen tief geht, steht die Leichtigkeit der Transformationskraft doch an oberster Stelle.

Persönlichkeit – Licht

Blaue Stürme haben die Eigenschaft, Chaos zu verbreiten, ohne selbst ein Gefühl von Chaos zu haben. Alles, was nicht in unserer Wahrheit tief verwurzelt ist, wird durch sie aufgedeckt. Hierbei wirken sie auf andere oft sehr unkonventionell, undogmatisch, ungewöhnlich und in ihrer Art und Weise auch herausfordernd. Oft schnell, laut, extrem gesprächig und sehr raumeinnehmend halten diese sehr liebenswürdigen Persönlichkeiten den Adrenalinspiegel der Anwesenden auf dem Maximalpegel. *Blaue Stürme* sind diejenigen, die die maximale Transformationskraft in diese Welt bringen.

Persönlichkeit – Schatten

Da der überwiegende Teil der Menschen in einer sehr angepassten Gesellschaft groß geworden ist, haben die meisten *Blauen Stürme* ihr eigentliches Potenzial zum Wohle der Familie und der Gesellschaft unterdrückt. Das Chaos ist einer absoluten Struktur gewichen, die auf Dauer krankmachen wird und jegliche Form der Gefühlsausbrüche zu unterdrücken versucht. Wie in einem Dampfdrucktopf fühlen sich die *Blauen Stürme* dann gefangen. Oft muss hier die

Not erst groß werden, bevor sie ihre Transformationskraft für sich selbst entdecken und erwecken.

Welle

Die Veränderungs-Welle

Veränderung ist die einzig wahre Konstante im Leben. In dieser Welle gilt für alle Bereiche, Themen und Unerledigtes die maximale Beschleunigung und tiefste Transformation. Sich davor zu drücken, auszusteigen oder in den Widerstand zu gehen, ist hier völlig zwecklos, denn auch dieses Verhalten wird maximal verstärkt. Diese Welle kann eine sehr verrückte Zeit sein, die aber einen absoluten Entwicklungsschub garantiert, wenn wir uns dieser Qualität öffnen. Alles, was wir hier machen, angehen und verändern, wird von einer tiefen transformativen Energie begleitet, die nicht stärker sein kann. Ob wir unser Haus renovieren oder in die Meditation gehen – verstärkt wird hier wirklich alles.

Reflexionsfragen, wenn du diese Karte ziehst: An welcher Stelle braucht es dringend eine Veränderung in deinem Leben? Wo herrscht schon viel zu lange Stillstand? Welches Thema darfst du transformieren? Zu welchem Thema darf es nun endlich einen Entwicklungsschub geben? Welcher Lebensbereich braucht eine Generalüberholung?

Wellenimpuls: The time is now – Worauf wartest du?

Tipps für Blaue Stürme: Beginne, all deine Strukturen aufzubrechen, indem du anfängst, eine Sache nach der anderen in deinem Leben anders zu machen. Schreibe dir auf, welche Strukturen das betrifft und wie sie für dich verändert aussehen sollten. Nun fang einfach an und schaue in der Erfahrung und durch dein Gefühl, was weiter von dir verändert werden muss, oder ob es sich bereits einfach gut anfühlt. Beginne in dir und um dich herum aufzuräumen, denn das ist die Einleitung in deine eigene Transformation. Hole dir ggf. Unterstützung dabei, um deine Gefühle zu sortieren.

Analogie zur westlichen Astrologie: Ähnlich wie wir es in unserer westlichen Astrologie vom Sternzeichen Skorpion kennen, können wir auch in der *Blauen-Sturm*-Energie der Maya-Astrologie unseren ganz persönlichen Phönix aus der Asche-Moment erleben. Es geht bei beiden darum, voranzuschreiten und die eigene persönliche Entwicklung und Veränderungen anzugehen.

Gelbe Sonne – AHAU

Ernte und Abschluss, Vollendung und Perfektion, Lebensfreude und Selbstliebe, charismatisch und großzügig

Tag

Gelbe Sonne-Tage erinnern uns daran, dass die Fülle des Lebens nur auf natürliche Art und Weise zu uns kommen kann, wenn wir dieses Leben auch annehmen mit allen Licht- und Schattenanteilen. Denn erkenne: Egal, wie viele Wolken am Himmel sind, die Sonne scheint dahinter immer noch weiter. Hier werden wir wieder einmal gebeten, uns mit der Dualität (Himmel und Erde, Sonne und Mond, Tag und Nacht usw.) zu verbinden, zu akzeptieren, dass es unveränderliche Elemente in dieser Welt gibt, um aus Ablehnung Annahme zu machen. *Gelbe Sonne*-Tage sind prädestiniert dazu, gute Laune, Fülle und Erfolg zu versprühen, wenn wir uns dafür entscheiden, immer in Bezug zum Thema der aktuellen Welle.

Persönlichkeit – Licht

Gelbe Sonne-Persönlichkeiten tragen die absolute

Fülle des Lebens in sich, was es für sie selbst nicht immer leicht macht, und gerade dann nicht, wenn sie beginnen, sich zu vergleichen. Ihre Aufgabe ist es, die Dualität in ihrer prachtvollen Bandbreite zu zeigen. Selbst wenn gerade alles schiefzulaufen scheint, vermag die *Gelbe Sonne* darin die Fülle des Lebens zu erkennen, und diese Kraft nutzt sie dann, um wieder vollends erstrahlen zu können.

Persönlichkeit – Schatten

Wie kein anderer Archetyp kann die *Gelbe Sonne*, wenn sie ihr eigenes Potenzial noch nicht entwickelt hat, Druck erzeugen. In erster Linie Druck für sich selbst, aber sie verlagert und verschiebt den Druck auch gerne auf andere, damit sie die eigenen verdrängten Schattenseiten nicht sehen und akzeptieren muss. Am meisten aber leiden die *Gelben Sonnen* selbst unter ihrem Druck und versuchen, sich durch vielerlei Arbeit abzulenken, um sich nicht mit dem Gefühl dahinter beschäftigen zu müssen. Die einzige Lösung daraus ist der Weg hindurch.

Welle

Die Selbstwert-Welle

Der Selbstwert ist der Wert, den wir uns in Verbindung mit anderen Menschen geben. Wenn wir aber immer nur die Schattenseiten der anderen bewerten, um uns selbst wertvoller zu fühlen, dann ist das ein Mangel, den wir leben und ein Selbstbetrug obendrein. Diese Welle verbindet uns mit unseren Licht- und Schattenseiten gleichermaßen. Erst wenn wir erkennen und annehmen, dass die Fülle des Lebens genau aus diesen Licht- und Schattenseiten besteht, erst dann werden wir es uns selbst wert sein, die Fülle an Fülle dieser Welt zu leben.

Reflexionsfragen, wenn du diese Karte ziehst: Was will vollendet werden? Was in deinem Leben ist keine runde Sache? An welcher Stelle stellst du dein Talent und Wert unter den Scheffel? An welcher Stelle akzeptierst du die natürliche Dualität in deinem Leben nicht? Wann siehst du dich selbst nicht? Wann hast du dir selbst das letzte Mal ein Kompliment gemacht?

Wellenimpuls: Schenke der Welt dein Licht, auch wenn nicht gerade die Sonne scheint!

Tipps für Gelbe Sonnen: Höre auf, dir Druck zu machen. Ich weiß, dass das einfacher gesagt ist als getan. Es ist aber der einzige Weg in deine Fülle des Lebens. Die Sonne scheint auch, wenn sich Wolken davorschieben. D.h. nur weil gerade etwas nicht so läuft, wie du es gerne hättest, muss nicht gleich das ganze Leben hinüber sein oder in Frage gestellt werden. Nur durch die Akzeptanz, dass alles (Licht und Schatten) in dir gleichermaßen vorhanden ist, wirst du Freiheit in dir erfahren können.

Analogie zur westlichen Astrologie: Für die Sternzeichen Löwe, Widder und Wassermann ist es wichtig zu erfahren, dass sie einfach so geliebt werden, wie sie sind, einfach deshalb, weil es sie gibt. Wenn sie das begreifen, müssen sie auch nicht mehr so enorm vor anderen performen. Die Welt braucht euer Licht und Strahlen.

Ton 1 – Magnetisch

In der Welle

Startkraft – Mit dem ersten Ton startet eine jede Welle. Hierin ist die Startkraft und die komplette Thematik der Welle enthalten, da das dazugehörige *Siegel* hier doppelt vertreten ist. Wenn du z.B. Ton 1 in der *Roten Drachen*-Welle bist, dann sind dein Archetyp und die Welle das gleiche Siegel und somit ist auch die Thematik für dich intensiver. Es macht Sinn, sich hier mit der jeweiligen Thematik zu befassen und zu schauen, was dieses für dich selbst bedeutet.

Die Ausrichtung dieses Tones ist ausschließlich die Startkraft. Wir sind hier gebeten zu bleiben, bis das »Rad« läuft, und dann weiterzuziehen. Diese Tage eignen sich sehr gut, um etwas zu beginnen, weniger, um etwas zu beenden.

Persönlichkeit

An Ton 1 Geborene sind Führungspersönlichkeiten die ihr volles Führungspotenzial aber erst entfalten können, in dem sie sich selbst führen lassen. Das ist für sie die größte Herausforderung.

Ein:e wahre:r Führer:in zeichnet sich dadurch aus, dass er oder sie sich wissend im Hintergrund hält, um den Überblick zu haben und um nur bei einem »Notfall« einzugreifen. So ist es bei diesen Persönlichkeiten auch. Sie dürfen lernen, sich durch die 13 Archetypen ihrer Geburtswelle führen zu lassen, sich mit deren Themen zu beschäftigen, um dadurch ihr ureigenes Führungspotenzial zu entfalten. Haben sie dies einmal getan, sind sie absolut und immer in der Lage, die Führung zu übernehmen, und diese, wenn sie nicht mehr gebraucht werden, wieder abzugeben. Also auch hier liegt die wahre Führung in der Startkraft und nicht darin, etwas zu vollenden.

Impulsfragen, wenn du diese Karte ziehst: Womit willst du jetzt vielleicht starten? Worin darfst du die Führung übernehmen?

Ton 2 – Lunar

In der Welle

Dualität – Dieser Ton verbindet uns mit der Dualität, die hier auf unserem Planeten herrscht, und lässt uns dadurch die Unterschiede erkennen, die wir individuell leben. Das Erkennen der Unterschiede und die Akzeptanz dessen stehen an diesem Ton an der Tagesordnung und sind essenziell wichtig, um überhaupt Freude und Erfolg leben zu können. Negative Bewertungen entstehen oft aus der Ablehnung der Akzeptanz der Unterschiedlichkeit, der Individualität.

Persönlichkeit

Es gibt kaum jemanden, der Unterschiede so gut erkennen und aufzeigen kann, wie die 2er-Persönlichkeiten. Sie sind fast perfekt darin, anderen die unterschiedlichsten Perspektiven und Sichtweisen zu zeigen und zu erklären. Daher sind sie die perfekten Mediator:innen oder Planer:innen. Ihr Überblick kommt vielen zugute, in Gesprächen oder auch bei der Arbeit. Sie haben auch sehr schnell einen Überblick über die Möglichkeiten, die sich ihnen selbst bieten. Und hier liegt oft der Hund begraben, denn Möglichkeiten zu erkennen und sich zu entscheiden, sind zwei verschiedene Paar Schuhe. Das ist dann auch oftmals das kleine Problem der 2er.

Impulsfragen, wenn du diese Karte ziehst: Welche konträren Pole in dir lehnst du ab? Gibt es noch andere Möglichkeiten und Alternativen als die, die du auf den ersten Blick siehst?

Ton 3 – Elektrisch

In der Welle

Aktivierung – Hier wird der Startknopf nochmals gedrückt, um aktiv Informationen zu sammeln. Ton 3 aktiviert alles in uns, um neue Impulse zu starten und um Neues ins Leben hineinzubringen. Der 3. Ton einer Welle ist wie ein neugeborenes Kind, das alles neu ausrichtet und aktiviert. Diese Tage können sehr turbulent und abwechslungsreich sein. Ruhe ist hier sicherlich nicht unbedingt an der Tagesordnung. Das absolut Schöne hierbei ist, dass der Archetyp, der an dem 3. Ton aktiv ist, in der darauffolgenden Welle die Lösungskraft mit sich bringt, denn dort ist er mit Ton 10 verbunden, der ja für die Lösungskraft steht.

Persönlichkeit

Diese Persönlichkeiten triffst du überall und nirgends. Sie sind immer aktiv unterwegs und lieben das bewegte Leben. Stillsitzen ist ein Fach, welches sie sicherlich nicht belegen werden, denn das wäre absolut gegen ihre Natur. Durch ihre enorme Aktivität regen sie viele Menschen dazu an, selbst aktiver am Leben teilzunehmen oder sich mal ein wenig Ruhe zu gönnen. Auch wenn wir denken könnten, es handele sich hier um »Unruhegeister«, dürfen wir nicht vergessen, welches enorme Potenzial an Lösungsenergie diese Persönlichkeiten in sich tragen. 3er-Persönlichkeiten dürfen dieses Potenzial unbedingt für sich selbst erkennen, ansonsten werden sie alles und jedes in sich aktivieren, aber ewig auf Lösungen warten. Übrigens, Kinder mit dieser Persönlichkeit werden oft verkannt und mit schulmedizinischen Diagnosen wird versucht, sie für den Alltag ruhig zu stellen. Das mag vielleicht verständlich sein, kann aber fatale Folgen mit sich bringen, sollten diese Kinder nicht irgendwie die Möglichkeit haben, ihren Aktivitätsdrang leben zu können.

Impulsfragen, wenn du diese Karte ziehst: Was in dir darf aktiviert werden? Wie kannst du in Aktion treten?

Ton 4 – Selbstbestehend

In der Welle

Basis – Der 4. Ton gibt der Welle (dem Thema der Welle) ein Fundament. Hier wird Ordnung in dem jeweiligen Wellenthema angestrebt, um ein stabiles Fundament zu gestalten, denn ohne das kann kein stabiles Haus gebaut werden bzw. kein stabiles Bewusstsein zu dem Thema kreiert werden. Auch ein kleiner Zwischenstand mit wegweisenden Erkenntnissen kann hier schon manches Mal verzeichnet werden, da wir zur Orientierungsgrundlage schon alle vier Elemente durchlaufen haben. Ordnung halten, neu sortieren und Altes ablegen gehört hier auch dazu. Übrigens: Der Archetyp, der in dieser Welle das Fundament ist, ist in der darauffolgenden die letzte Prüfstelle, d.h. er ist mit dem 11. Ton der nachfolgenden Welle verbunden – dann können wir sehen, ob das Fundament auch hält, was es verspricht.

Persönlichkeit

4er-Persönlichkeiten sind die personifizierten Chaosliebhaber:innen. Durch ihren magischen Sinn für Strukturen und Ordnung kommen sie erst in ihr wahres Potenzial, wenn irgendwo eine Unordnung herrscht und sie »aufräumen« dürfen. Mit wahrer Leidenschaft und Kreativität schaffen sie im Chaos der anderen eine selbstverständliche Ordnung und verhelfen ihnen damit zu einem klaren Überblick. Beruflich wie auch privat sind sie dadurch gern gesehene Gäste, die es im Handumdrehen schaffen, ein neues Konzept und ein Fundament zu erschaffen, sei es auch noch so ausweglos. Ist dieses vollbracht, schwindet die Leidenschaft aber auch so schnell, wie sie gekommen ist, denn Ordnung schaffen ist nicht gleich Ordnung halten. Und genau hier liegt die Krux der 4er. Wenn sie auch überall für Struktur und Ordnung sorgen und alle sich auf sie blind verlassen können, bis es läuft, müssen sie bei sich selbst unbedingt lernen, am Ball zu bleiben.

Impulsfragen, wenn du diese Karte ziehst: Was in deinem Leben braucht ein neues Fundament? Wo darfst du Ordnung schaffen?

Ton 5 – Oberton

In der Welle

Entscheidung – Der 5. Ton einer jeden Welle erzeugt fast immer einen inneren Druck und manchmal sogar ein wenig Aggressivität, weil jetzt versucht wird, erste Umsetzungsversuche zu finden und diese auch am besten gleich zu starten. Auch wenn dieser Ton nicht immer so geliebt wird, ist er essenziell wichtig, um uns ein wenig in Disziplin zu üben. Dranbleiben ist hier die Devise, und ein wenig auf »Krawall gebürstet« zu sein, hat noch niemandem wirklich geschadet. Aber zu wissen, warum das so ist, macht die Bürste vielleicht ein wenig weicher.

Persönlichkeit

Denk jetzt bitte nicht, dass 5er-Persönlichkeiten alle gleich Krawalltypen sind. Sie sind intensiv, oft sehr klar und sie fordern uns heraus, in dem sie unangepasst sind und fast alles hinterfragen. Diese Persönlichkeiten bringen uns aus unserem geliebten Trott, weil sie zielgerichtet die Dinge, wie sie nun einmal sind, auf den Punkt bringen. Ein wahrer Schatz fürs Leben, wenn man so einen Menschen im Freundeskreis hat. Für viele kaum aushaltbar, aber das sollte nicht das Problem der 5er sein. Aber aufgepasst, wer austeilen kann, muss unbedingt auch das Einstecken lernen, ansonsten kann das Leben doch sehr einsam werden. Im Kindesalter kann leider durch Anpassung diese Eigenschaft in den Hintergrund geraten und kann das Feuer nur auf kleinster Flamme brennen, dann leben sie meist ein für ihre Spezies spießiges, total angepasstes, unzufriedenes Leben.

Impulsfragen, wenn du diese Karte ziehst: Welche Entscheidung darfst du jetzt treffen? Was macht dir gerade in deinem Inneren Druck?

Ton 6 – Rhythmisch

In der Welle

Ruhe – Die 6er-Tage gleichen oft der glatten See und gönnen uns eine kleine Verschnaufpause. Hier dürfen wir mal ein wenig Abstand zu dem jeweiligen Thema bekommen und uns einfach nur um uns kümmern. In der Ruhe liegt die Kraft, ist hier die Kernaussage, denn wir sind ja noch längst nicht bei der 13 angelangt. Also, wenn du kannst, dann genieße diesen Tag in vollen Zügen, denn er erinnert uns auch daran, dass Genuss sehr wichtig ist und dass wir uns nur wirklich und dauerhaft motivieren können, wenn wir uns das Genießen auch von Herzen gönnen – was auch immer Genuss für dich bedeutet.

Persönlichkeit

6er-Persönlichkeiten sind die ausgeglichensten Menschen, die ich persönlich kenne. Selbst wenn innerlich ein Sturm tobt, kann man es ihnen im Außen nicht wirklich anmerken. Und das nicht, weil sie es unterdrücken, sondern, weil sie um das Ausgleichspotenzial in sich wissen. Sie sind die Liebhaber:innen der Harmonie und daher gern gesehene Gäste, Freund:innen oder Familienmitglieder. Bei der Wahl zwischen Auseinandersetzung und Flucht würden sie immer Letzteres wählen, da jede Form der Unstimmigkeit ihnen körperlich zu schaffen machen kann. Und das Gefühl, welches dann nach der »Flucht« verbleibt, können sie meistens wunderbar mit ihrer Ruhe wieder ausgleichen. 6er-Persönlichkeiten sollten sich ihrer Sensibilität bewusstwerden und diese als Kraft anerkennen.

Impulsfragen, wenn du diese Karte ziehst: Wann benötigst du mehr Ruhe? Was darfst du in Harmonie bringen?

Ton 7 – Resonant

In der Welle

Intuition – Der 7. Ton ist die magische Säule einer jeden Welle und beschreibt somit auch den Höhepunkt des jeweiligen Themas. Hier passieren Veränderungen ohne Anstrengung und Unvorhersehbares kann hier unser Sein magisch bereichern. Diese Tage sind nicht beschreibbar, denn wenn du denkst, du weißt, wie sie funktionieren, dann wird es garantiert anders sein. An diesem Ton werden Himmel und Erde miteinander verbunden und es herrschen andere Gesetze der Resonanz. Kontrolle wirst du an diesen Tagen vergebens finden, denn genau das ist es, was die 7 uns mit auf den Weg gibt – lass los und lass geschehen, was geschehen will.

Persönlichkeit

Wer einen Harry Potter-Film geschaut hat und weiß, wer »Luna Lovegood« ist, der weiß, wie eine 7er-Persönlichkeit ist. Fast schlafwandlerisch gehen diese Menschen durchs Leben. Ihre lässige Art ist für viele Menschen kaum zu ertragen, weil sie sie daran erinnert, wie wichtig doch die Details des Lebens sind und wie gehetzt wir aber alle durch das Leben laufen. 7er-Persönlichkeiten kommen mit ihrer »laissez fair«-Art genauso wie die absoluten erfolgs- und zielorientierten Menschen an ihr Ziel – nur ohne dabei Stress zu haben. Sie wissen halt für sich, worauf es ankommt. Nur wer gelassen ist, kann auch andere so sein lassen, wie sie sind.

Impulsfragen, wenn du diese Karte ziehst: Kannst du die Kontrolle über dein Leben auch einer höheren Macht mal überlassen, damit Magie entstehen kann? Wie kannst du gelassener werden?

Ton 8 – Galaktisch

In der Welle

Kraft – 8er-Tage können unser Leben, wie die 5er-Tage, rasant beschleunigen. Hier mag schnell das Gefühl entstehen, dass doch jetzt endlich mal Schluss sein soll, denn energetisch verbinden uns diese Tage mit dem Thema der vorherigen Welle und fordern uns auf, nicht zu vergessen, was wir uns da vorgenommen haben bzw. welche Erkenntnisse und Kraft wir aus dieser Welle gezogen haben. Kleine Erinnerungen helfen uns eben dabei, »dranzubleiben«. Wenn wir die Aufforderung annehmen und uns ins Gedächtnis rufen, was wir schon alles so geschafft haben, dann ist ein 8er-Tag auch nur halb so anstrengend.

Persönlichkeit

Die 8er-Persönlichkeiten sind die »Leichenspürhunde« unter den Tönen. Immer wachsam, aufmerksam und vorausdenkend sind sie oftmals erst glücklich, wenn es ein wenig turbulent in ihrem Leben zugeht. Ihr Sinn für das, was nicht richtig läuft, ist immer auf ON gestellt, so dass allein ihre zielgerichteten Fragen für andere schon eine wahre Herausforderung bzw.

eine Arbeitsaufforderung sein können. Im Beisein dieser Persönlichkeit kann kaum ein »Schein« aufrechterhalten werden. Aber wenn du dich in einer Zwickmühle befindest oder dich aus einer Endlosschleife befreien möchtest, sind diese Persönlichkeiten mit ihrer Wachsamkeit deine Schubrakete für die Umsetzung. Manchmal ist es aber für 8er wichtig, vor der eigenen Türe zu kehren, denn auch hier ist nicht immer alles Gold, was glänzt.

Impulsfragen, wenn du diese Karte ziehst: Kannst du schon sehen, was du alles bisher erreicht hast? Wo darfst du wachsamer und aufmerksamer sein?

Ton 9 – Solar

In der Welle

Dranbleiben – Wenn wir denken, dass es nicht mehr intensiver sein kann, dann kommt ein 9er-Tag! Er ist dafür da, den Druck in uns zu erhöhen, um aus den vielen von uns gesammelten Sandkörnern einen Diamanten entstehen zu lassen. Je nach vorherrschender Welle fallen diese Tage mehr oder weniger intensiv aus, da sie uns in eine Veränderungsbereitschaft, die wir schließlich zu einer Veränderung benötigen, drängen. Eine Klientin hat mir an einem 9er-Tag mal gesagt: »Ich stecke bis zum Hals in der Scheiße, aber die Aussicht ist ganz gut.« Bei einer guten Aussicht haben wir dann auch die Motivation, weiterzugehen und nicht den Kopf hängen zu lassen (was in diesem Fall auch nicht wirklich schön gewesen wäre). Und genau das möchte uns der Ton lehren: dranbleiben, um die Komfortzone zu verlassen.

Persönlichkeit

Intensiv, impulsiv und heißblütig ist eine kurze und knappe Beschreibung dieser Persönlichkeiten. Für die Revolution geboren geben sie alles, um Neues zu entwickeln und entstehen zu lassen. Mit diesen Persönlichkeiten wird es nie langweilig, aber schon mal anstrengend, da das Tempo oft so schnell ist, dass sie ständig etwas Neues beginnen. Um erfüllende Beziehungen zu anderen Menschen zu führen, müssen 9er lernen, ihren Anspruch an andere, mit ihnen mitzuhalten, herunterzuschrauben. Der Druck, den sie dadurch erschaffen, ist für viele sonst nicht aushaltbar.

Impulsfragen, wenn du diese Karte ziehst: Wann brauchst du mehr Disziplin und Durchhaltevermögen? Wann entsteht in dir Druck, weil du nicht an einer Sache dranbleibst?

Ton 10 – Planetar

In der Welle

Lösungskraft – Die Zeit der Manifestation wird mit dem 10. Ton, der die Kraft der Umsetzung mitbringt, eingeläutet. All der Druck, der vielleicht in den letzten Tagen da war, fällt wie selbstverständlich von uns ab, und wir sehen, dass der »Aufwand« von Erfolg gekrönt ist. An 10er-Tagen herrscht oft eine ganz erdende und vertraute Energie, die uns aktiviert, die Dinge/Erkenntnisse einfach und selbstverständlich umzusetzen. Voller Tatendrang packen wir das Leben an und jeglicher Zweifel wird hier oftmals lässig weggefegt.

Persönlichkeit

Wenn du Hilfe für die Umsetzung eines Projektes benötigst, bist du mit einer 10er-Persönlichkeit am besten bedient. Ihre praktische Art der Umsetzung ist unschlagbar. Sie sind die perfekten Manifestierenden, wenn sie einen ausgeklügelten Plan in den Händen halten und sich nicht mit der Frage: »Wie mach ich das?«, sondern mit »Wann soll es fertig sein?« beschäftigen können. Der Tag kann oft nicht so viele Stunden haben, wie sie benötigen, um alles auch umzusetzen. Daher setzen sich 10er-Persönlichkeiten manchmal sehr unter Druck, wenn es für sie selbst gerade nicht weitergeht.

Impulsfragen, wenn du diese Karte ziehst: Was ist die einfache Lösung? Was wäre jetzt der nächste Schritt?

Ton 11 – Spektral

In der Welle

Letzte Prüfstelle – Mit dem 11. Ton sind wir an der letzten Prüfstelle der vorherrschenden Welle angelangt. Die Energie dieses Tons kann dazu führen, dass wir alles noch einmal überdenken und alles, von dem wir dachten, dass es jetzt das Richtige wäre, über den Haufen schmeißen. Das kann sehr anstrengend sein, wenn wir das Geschenk darin nicht erkennen können. Wir haben hier das Glück, nochmal zu reflektieren, in dem wir Rückschau auf die vergangenen 10 Tage halten. Es sind die Kleinigkeiten, die wir doch so manches Mal übersehen, die aber für die Vollendung essenziell wichtig sind.

Übrigens: Der Archetyp, der am 11. Ton steht, ist immer der antipodale Partner des Archetyps, der die

Welle führt (darüber findest du mehr im Kapitel über das Beziehungskreuz, Seite 38). Z.B. ist am 11. Tag der *Roten Himmelswanderer*-Welle, Kin 53, die *Blaue Nacht* der antipodale Partner des *Roten Himmelswanderers*). Und in der *Blauen Nacht*-Welle haben wir am 11. Tag den *Roten Himmelswanderer*, Kin 193 (den antipodalen Partner der *Blauen Nacht*). Und so ist es in allen Wellen.

Persönlichkeit

11er-Persönlichkeiten sind die perfekten Spürnasen für Unerledigtes, Verdrängtes, Unstimmigkeiten, Unausgewogenheit uvm. Sie bringen mit ihrer eigenen Art die Dinge ans Licht, ob es nun gewollt ist oder nicht. Kein Fettnäpfchen ist ihnen zu tief, um dort, manchmal auch ungewollt, hineinzutreten. Nur bei den eigenen Dingen versagt diese gute Spürnase so manches Mal kläglich und somit wird dann oft ein kleines Dramaspielchen daraus, bei dem dann die äußeren Umstände gerne verantwortlich gemacht werden. Loszulassen und sich den eigenen Unausgeglichenheiten offen zu stellen, ist die größte Herausforderung von 11er-Persönlichkeiten.

Impulsfragen, wenn du diese Karte ziehst: Was darf mit all deinem Wissen nochmal überprüft werden? Was ist noch unerledigt?

Ton 12 – Kristall

In der Welle

Innere Vollendung – Der 12. Ton verbindet uns mit der Energie des inneren Abschlusses, der Vollendung, in uns. Es gibt hier jetzt nichts mehr für uns zu erfahren, wir können unser Bewusstsein über das Thema dieser Welle vollenden und innerlich abschließen. Der Überblick, den wir jetzt haben, kann uns ein Gefühl der Zufriedenheit, des »Sattseins« bescheren. Auch äußere Abschlüsse sind heute sehr begünstigt, denn wir haben den inneren Drang, fertig zu werden.

Persönlichkeit

12er-Persönlichkeiten haben ein Händchen für alle Arten von Abschlüssen, da sie die gesamten 11 Entwicklungsstufen in sich tragen. Immer mit Rat und Tat zur Seite stehend, sind sie mit ihrer Weisheit, die ihnen innewohnt, sehr gute Ratgeber:innen oder auch strategische Partner:innen. Durch ihren Überblick sehen sie schnell, was noch für einen perfekten Abschluss fehlt. Weisheit gepaart mit Offenheit ist ihnen in Bezug zu ihren Mitmenschen dienlich. Auch wenn 12er alle Entwicklungsstufen in sich tragen, müssen sie lernen, dass sie die Weisheit nicht mit

Löffeln gefressen haben, und es Menschen gibt, von denen sie noch lernen können.

Impulsfragen, wenn du diese Karte ziehst: Womit musst du jetzt innerlich abschließen? Welche Kreise schließen sich vielleicht gerade?

Ton 13 – Kosmisch

In der Welle

Die äußere Vollendung – Die Zeit der Ernte wird durch den 13. Ton eingeläutet. Dieser Schritt ist wichtig, um aus dem Abschluss auch einen Anfang in ein neues Bewusstsein zu machen und sich selbst für das »Geschaffte« zu feiern. Die Form der Spirale symbolisiert uns den Aufstieg in der Evolution, den wir hier selbst bestimmen, weil wir die Ernte unserer »Arbeit« miteinbeziehen. Hier werden wir gebeten, einen Schritt zurückzutreten, um uns selbst und unseren Weg hierher zu würdigen und anzuerkennen. Feiere dich doch einfach mal selbst an diesem Tag, gönne dir etwas Schönes, beschenke dich oder führe ein Ritual der Wertschätzung für dich durch – ähnlich einem Erntedankfest.

Persönlichkeit

Wenn du schon einmal einem Menschen begegnet bist, der größte Weisheit mit sich herumträgt und diese einfach lässig und cool in ganz normale Gespräche miteinfließen lässt, dann handelt es sich hier mit größter Wahrscheinlichkeit um eine 13er-Persönlichkeit. Konsequent und zielstrebig sind sie immer auf die höchste Qualität ausgerichtet, da ihre Zellen das gesamte Spektrum des Universums beinhalten. Wissen ist für sie sofort abrufbar, auch wenn es sich um Themen handelt, mit denen sie sich vorher noch nicht wirklich beschäftigt haben. Sie gelten daher oft als Besserwisser – Aber … sie wissen es oft einfach auch besser. 13er-Persönlichkeiten dürfen lernen, sich komplett selbst zu vertrauen, ohne die Sichtweise der anderen zu verurteilen. Ihr Weg ist meist ein komplett anderer als der Weg der meisten anderen Menschen. Nur wenn sie diese Tatsache für sich annehmen und ihren Weg gehen, können sie die Früchte ihres Lebens ernten. Für 13er-Kinder ist die Schule oftmals ein notwendiges Übel, da sich durch ihre innere Weisheit ihr Wissensdurst oftmals sehr in Grenzen hält. Hier ist es evtl. ratsam, sich mit einem alternativen Schulsystem zu beschäftigen.

Impulsfragen, wenn du diese Karte ziehst: Was darf auch im Außen ersichtlich abgeschlossen werden, indem du neue Wege gehst? Welchen Erfolg darfst du jetzt feiern?

SONNE UND MOND – ZUSATZKARTEN

Die (Zentral-) Sonne

Die Sonne ist ein Symbol für das Licht, das eigentlich immer da ist, wie unsere Lebenskraft. Auch als das Zentrum unseres Sonnensystems ist sie (über-) lebenswichtig. Ohne ihre Energie könnten wir nicht auf der Erde leben, nichts würde wachsen und gedeihen. Auch in der westlichen Astrologie repräsentiert die Sonne unsere Essenz, Identität und wie wir uns und unser Wesen in unserem Leben am hellsten scheinen lassen. Sie ist unser Bewusstsein und schenkt uns die Antwort auf die ewige Frage: *Wer bin ich*?

Das sogenannte »Sternzeichen« ist eigentlich das Sonnenzeichen, in dem die Sonne zum Zeitpunkt unserer Geburt stand und nach dem man sich bewusst ausrichtet und orientiert, wenn man ein Horoskop nachschlägt. Wir alle werden mit einem göttlichen Kern, dem inneren Licht, einer inneren Sonne geboren. Und auch wenn wir uns nicht jeden Tag danach fühlen, wir alle haben die Fähigkeit, zu strahlen, immer.

Die ältesten weisesten Kulturen, wie auch die Mayakultur, pflegten ihre Sonnenkulte. Dabei gehen die Maya davon aus, dass wir Menschen Lichtwesen sind und die Heilstrahlen der Zentralsonne in der Galaxie direkt aus der Einheit des Anfangs der Quelle entstammen. Mit Hilfe der Zentralsonne ist es möglich, Geist und Seele zurück in den vollkommenen göttlichen Ursprungs-Zustand bringen, uns zu »reseten«. So ist auch mangelnde Vitalität und Krankheit nichts anderes, als aus der Ordnung des Ursprungs herausgefallen zu sein, weil wir nicht aufnahmefähig für die Heilstrahlen der Zentralsonne sind.

Die Maya verorteten die Zentralsonne als Mittelpunkt unserer Milchstraße und bezeichneten sie als *Hunab Ku* – Herz der Milchstraße. Der Einblick, den uns allein der Begriff der »Zentralsonne« auf die Kosmologie der Maya gibt, kann uns dabei unterstützen, auch unsere eigene Welt besser zu verstehen

Impulse für dich, wenn du diese Karte ziehst: Vitalität, Heilung, Licht, Galaxie, Ursprung, Orientierungspunkt, Weisheit des Kosmos, Energieentfaltung, Mittelpunkt, Herzstück

Sonnenfinsternis

Bei einer Sonnenfinsternis schiebt sich der Mond zwischen Erde und Sonne und es stehen Sonne, Mond und Erde auf einer Linie. Die Erde wird dann vom Schatten des Mondes getroffen. Man kann sich auch eine Sonnenfinsternis wie einen super-extra aufgeladenen Neumond vorstellen, der Veränderung in unser Leben einsaugt.

In den Urzeiten der Menschheit und ebenso bei den frühen Maya, als sich die Menschen dieses Schauspiel nicht erklären konnten, hatten sie enorme Angst vor Finsternissen. Heute verspüren wir immer noch diese evolutionäre und auch weitergegebene Furcht, wissen aber aufgrund unserer Erfahrung und der Wissenschaft, dass es sich dabei nicht um etwas »Lebensbedrohliches« handelt.

Findet eine Sonnenfinsternis statt, so gilt für die Zeitqualität, dass wir ein bedeutsames energetisches Ereignis erleben dürfen, das Einfluss auf unseren Energiekörper hat. Man geht davon aus, dass Finsternisse generell korrigierende und wandelnde Energien in sich tragen. Schließlich verringert sich zumindest optisch der Lichteinstrahl auf uns. Eine Sonnenfinsternis bringt dann Themen, Dinge und oft auch Verdrängtes an die Oberfläche, was schon seit einiger Zeit in uns, im Verborgenen brodelte und mit viel Aufwand unterdrückt wurde: unsere innere Wahrheit. Sonnenfinsternisse wirken sich eher äußerlich auf uns aus, während man von Mondfinsternissen eher innere und emotionale Ereignisse ableitet. Finsternisse stellen häufig Dinge in unserem Leben auf den Kopf oder führen eine plötzliche Lösung herbei, die auch manchmal schmerzhaft oder abrupt sein kann.

Impulse für dich, wenn du diese Karte ziehst: Korrektur, Verdrängung, Bedrohung, Eskalation, Angst, innere Wahrheit, Wandel, Neuanfang, plötzlicher Wandel im Außen, Überraschung, Chaos, Lebenswandel, Geheimnisse werden gelüftet, plötzliche Lösung

Vollmond

Während eines Vollmonds steht der Mond der Sonne gegenüber und wird vollständig vom Sonnenlicht angestrahlt und beleuchtet. Daher befinden sich aus westlicher astrologischer Sichtweise der Mond und die Sonne während eines Vollmonds auf gegenüberliegenden Seiten des Tierkreises. Und somit kann es dann eben zu einem herausfordernden Moment oder zu einer intensiven Energieentladung kommen. So gesehen stehen sich energetisch auch das weibliche, empfangende Yin (Mond) und das männliche, aktive Yang (Sonne) entgegen und führen zu einem sehr starken Energie-Potenzial. Oft ist der Vollmond aber auch ein energetisches Zeitereignis, das Fülle bringt, da er am Ende eines Mondzyklus stattfindet, in dem wir ernten, was wir vielleicht beim letzten Neumond gesät haben, und das zum Guten oder zum Schlechten. In dieser Phase dürfen die Dinge in unserem Leben reifen und erblühen. Für die Maya entsprach der Energie des Vollmondes das Prinzip des Göttlich-Weiblichen, Heilung, Kreativität und der Fruchtbarkeit.

Impulse für dich, wenn du diese Karte ziehst: Erblühen, Kreativität, Magie, Ernte, Vollendung, Fülle, Wünsche, Belohnung, Heilung, Fruchtbarkeit, Abschluss und Vollendung, Perfektion

Neumond

Zum Zeitpunkt des Neumonds befindet sich der Mond zwischen Erde und Sonne, sodass er von der Erde aus nicht gesehen werden kann und deswegen dunkel erscheint. Jetzt wird in unserer Seele ein neuer Same gesät, der wieder alle Phasen des Mondes durchschreitet, und ein neuer Mondzyklus beginnt erneut. Die häufig sehr erneuernden Neumond-Energien wirken auf uns oft wie ein Regen der Reinigung und schenken uns neue Gelegenheiten, neue Projekte, neue Freundschaften oder Kooperationen und neue Lebensbedingungen. Oft sind die Energien rund um einen Neumond von unerwarteten Synchronizitäten getragen und von Überraschungen geprägt. Ebenfalls gilt auch ein Neumond als Symbol für eine zweite Chance oder eine Wiedergeburt, die wir in jedem Mondzyklus einmal bekommen. So ein Neumond ist daher die perfekte Zeit, sich neu zu organisieren und die nächsten wichtigen Schritte für das eigene Lebensglück zu planen. Die reinigende Energie des Neumondes hilft uns dabei beim Nachdenken, Verfeinern und auch, ein noch nicht fertiges Projekt komplett abzuschließen, wenn du das Gefühl hast, der letzte Funke fehlt noch.

Impulse für dich, wenn du diese Karte ziehst: Reinigung, Neuanfang, einen neuen Samen setzen, Klärung, Vorsätze, etwas Neues beginnen, reinen Tisch machen/einen Konflikt auflösen, Schöpferkraft, Wiedergeburt, zweite Chance, finaler Abschluss eines Projekts

Mondfinsternis

Finsternisse gelten stets als universelle Vorboten eines Wandels, weil sie häufig Unerwartetes mit sich bringen. Idealerweise stellen wir uns nicht gegen den Wandel, sondern ermutigen uns selbst, in Aktion zu treten und Teil des größeren Wandels zu sein, der gerade am Werk ist. Eine Mondfinsternis tritt auf, wenn sich die Erde genau zwischen Sonne und Mond befindet, der astrologische Begriff dafür lautet »Opposition zwischen Sonne und Mond«, wie eben auch bei einem Vollmond aus unserer Perspektive hier auf der Erde.

Innen wie außen: Mondfinsternisse dienen als wunderbare Chancengeber, um unsere Aufmerksamkeit innerlich auf die Veränderungen zu lenken, die wir in uns selbst und folglich im Außen erfahren wollen. Das funktioniert aber nicht einfach so, sondern bedeutet, dass wir uns zuvor intensiv innerlich ausrichten müssen und erneuern. Und Mondfinsternisse regen uns daher auch energetisch dazu an, unsere Emotionen neu zu ordnen und den emotionalen Ballast, der sich in uns angesammelt hat, loszuwerden. Interessanterweise werden in der westlichen Astrologie Mondfinsternisse sehr traditionell auch für das Schicksal einzelner Kulturen/Staaten gedeutet. Mondfinsternisse hauchen einfach starke Veränderungskraft in unser Leben. Während und nach Mondfinsternissen erlebt man so oft Veränderungen in der direkten Umgebung, dem Umfeld, in Beziehungen oder in Überzeugungen, aber auch Weltanschauungen. Das kann sich manchmal drastisch anfühlen. Und weil dieser Prozess nicht immer angenehm ist, entwickeln wir Menschen zum Teil auch Aggressionen, weil unsere Emotionen und das Verdrängte so harsch durchbrochen werden, oder wir wehren uns, weil wir wollen, dass alles so bleibt, wie wir es gewohnt sind.

Impulse für dich, wenn du diese Karte ziehst:
Intensive Emotionen wie Angst, Eifersucht, Wut und Ärger, Eskalation, Streit, Schöpferkraft, Schicksal, Weltanschauung, Veränderung, innerer Kampf, Wachstumschance, Loslassen, Frieden, innere Erkenntnis

LEGEMUSTER

1. Impulskarte

1

Gestalte dir einen ruhigen Moment mit den Maya-Astro-Cards und breite dann alle Karten mit der Rückseite nach oben aus. Du kannst sie aber auch nach dem Mischen zu einem Stapel zusammenpacken. Ziehe, wann immer du es möchtest und so oft du einen magischen Impuls aus der Maya-Energie bekommen möchtest, eine Karte aus dem Deck, zum Beispiel als Tageskarte oder zu einem bestimmten Thema. Die Karte zeigt dir Fragen auf, die dich dazu anregen, tiefer nachzudenken. Sie schenkt dir kosmische Weisheits-Impulse, um dir aufzuzeigen, wo du gerade in deinem Leben stehst und welche Maya-Energien dich begleiten. Auch kannst du so eine kosmische Hilfestellung erhalten.

Eine erweiterte Impulslegung wäre, wenn du zusätzlich eine Karte nur aus den 13 Karten der Töne ziehst, um dir spezifisch eine heilende und helfende Schwingungsenergie als Impuls zu ziehen.

2. Aktuelle Tages-Zeitqualität – Mayawelle deuten oder Portaltag

Diese Legung dient dazu, dich mit den aktuellen kosmischen Energien zu verbinden und sie besser zu verstehen.

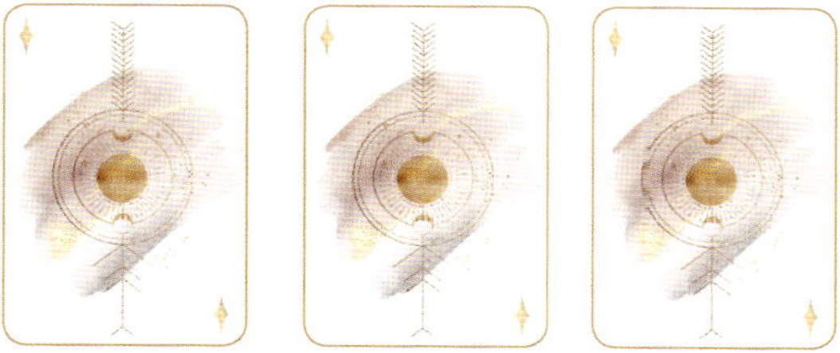

1 2 3

Schritt 1: Finde zunächst heraus, welche Mayawelle oder welcher Portaltag aktuell vorherrscht, hier kannst du zum Beispiel nachsehen: www.maya.at/Kin-Info/Kin-Info-Index.htm

Beispiel: 13.05.2022 KIN 256 – *Gelber Krieger* – Ton 9

Schritt 2: Suche die drei entsprechenden Karten heraus und deute aus dem Booklet die jeweiligen Themen und ggf. Reflexionsfragen zum jeweiligen Archetyp.

Karte 1: CIB, der *Gelbe Krieger* = Archetyp/Grundenergie der Welle

Dieser Tag bzw. Portaltag könnte ein Tag sein, bei dem man ganz klar bei sich selbst bleiben sollte und auf das eigene innere Wissen vertrauen darf. Ganz im Sinne des *Gelben Kriegers* geht es darum, eine eigene innere Autorität auszudrücken und zu entfalten.

Karte 2: Farbe/Wurzelrasse Gelb entspricht einer Entwicklungsstufe/Entwicklungsaufgabe: Transformation, Aktion, Vollendung deiner Ziele

Karte 3: Ton 9, der Solare Ton, entspricht einer Frequenz/Schwingung in der Welle:

Die Karte zeigt dir, dass du an einer Sache, vielleicht deiner eigenen Transformation oder einem konkreten Ziel dranbleiben darfst und solltest.

3. Dein Maya-Geburtshoroskop

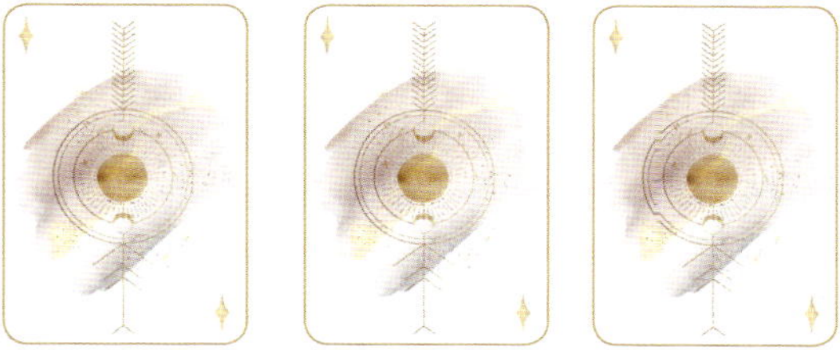

1 2 3

Schritt 1: Finde über die Berechnungstabelle auf Seite 32 oder über maya.at/Kin-Info/Kin-Info-Index.htm dein persönliches Maya-Geburtshoroskop heraus. Dein Geburtskin ist z. B. Kin 34 *Weißer Magier,* Ton 8, *Blaue Hand*-Welle.

Schritt 2: Lege dir die Karten zur Ansicht deines Maya-Geburtshoroskops aus und deute mit den Informationen hier im Booklet dein Horoskop.

Beispiel: Tanjas Kin

Karte 1: IX, der *Weiße Magier* = der Archetyp in Tanjas Maya-Geburtshoroskop.

Ihren Archetypen lebt sie in ihrem Leben mit Herzensweisheit und Schöpfergeist, immer in dem Vertrauen auf ihre eigene Magie.

Karte 2: Ton 8, Der Galaktische Ton, entspricht deinem Erfahrungsrhythmus in dieser Welt.

Für Tanja ist ein Weitblick immer wichtig, aber eben auch, wie ein »Spürhund« für sich selbst und andere Ereignisse, Stimmungen und Schwingungen vorauszuspüren.

Karte 3: *Blaue Hand*-Welle, entspricht deiner Erfahrungs- bzw. Entwicklungsebene in diesem Leben und passt auch sehr gut zu der beratenden Berufung, die Tanja in ihrem Leben lebt, nämlich andere zu unterstützen und bei der eigenen (spirituellen) Entwicklung eine helfende Hand zu sein.

Als Extra zur Vertiefung kannst du z.B. die *Wurzelrasse* noch ansehen. Im Fall des Beispielshoroskops wäre das die Farbe Weiß/Wurzelrasse. Das ist aus Sicht der Maya-Astrologie das Element, in dem sich deine Persönlichkeit zeigt. Ähnlich, wie wenn man sich als Zwilling z.B. in der westlichen Astrologie dem Element Luft zugehörig fühlt.

3. Beziehungskreuz (siehe S. 39)

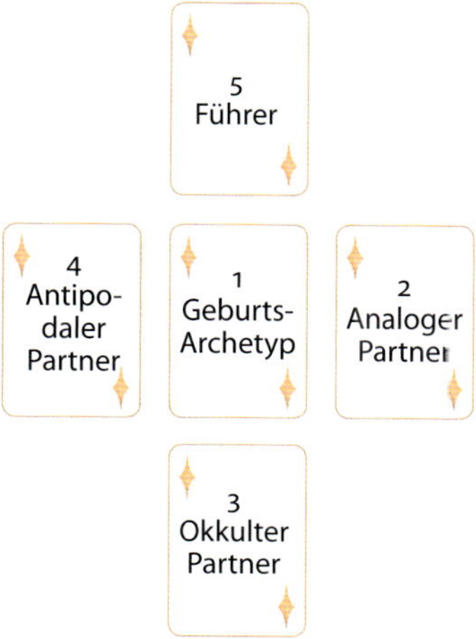

Schritt 1: Schlage die Erklärung des Beziehungskreuzes auf und lege dementsprechend dein Beziehungskreuz. Als Beispiel erklärt anhand des Beziehungskreuzes von Bianca.

Schritt 2: Finde dein Geburtskin, das du entweder mit der Tabelle ab Seite 32 oder auf der Website von www.maya.at/Kin-Info/Kin-Info-Index.htm herausfindest.

Karte 1: Dein persönlicher Geburts-Archetyp, z.B. *Weißer Weltenüberbrücker*

Karte 2: Analoger Partner – Die perfekte Ergänzung, der oder die ideale Arbeitskolleg:in/beste Freund:in und unterstützende Energie, z.B. *Roter Himmelswanderer*

Karte 3: Okkulter Partner – der Funke, der dir fehlt, es braucht nicht viel davon, um dich und deine Persönlichkeit zu bereichern, z.B. *Blauer Adler.*

Karte 4: Antipodaler Partner – der Gegensatz zu dir und deiner Grundenergie und Persönlichkeit, in der westlichen Astrologie wäre das genau das gegenüberliegende Sternzeichen, das uns gleichsam triggert, uns aber auch in der Herausforderung die größten Entwicklungschancen offenbart, z.B. *Gelber Krieger.*

Karte 5: Führer – Hier findest du eine Energie, die deiner eigenen sehr ähnlich ist und derselben Wurzelrasse entspricht. Diese Energie kann dich daher so unterstützen, weil sie gleichsam derselben Quelle und Frequenz entstammt und dieselbe Energie-Sprache verwendet wird, z.B. *Weißer Hund.*

4. Vision Quest

Das Wort »Vision« steht für eine Begegnung mit dem höheren Selbst, dem Transzendenten, einer Energie, die größer ist als das eigene begrenzende Ego und das gesellschaftlich bedingte Selbst. Seit Jahrhunderten ist die Suche nach einer Vision ein wichtiges angewandtes Mittel und Ritual auch diverser schamanischer Kulturen für die Begegnung mit der Inneren Weisheit. Am Ende einer solchen Visionssuche offenbart sich der oder dem Suchenden die eigene persönliche Gabe oder »Medizin«, ein tiefes Gefühl und Klarheit für die persönliche Bestimmung oder Klärung einer Situation.

Ziehe vier Karten aus dem Deck.

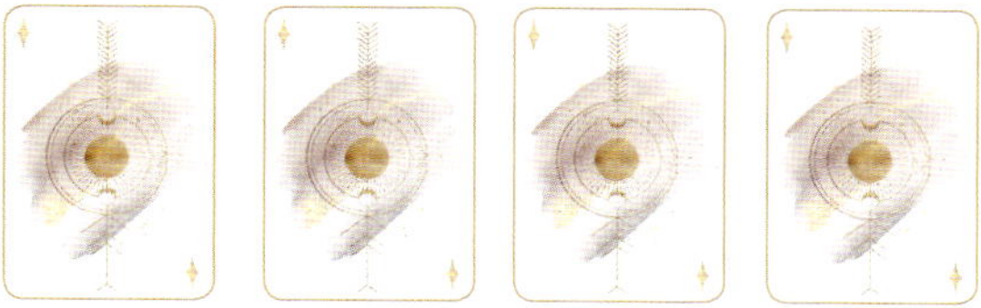

1 2 3 4

Karte 1: Ausgangssituation, z.B. CABAN, die *Rote Erde*

In der Vergangenheit bist du wohl in einer bestimmten Angelegenheit oder generell sehr produktiv gewesen und du darfst an deine Visionen mit Urvertrauen herangehen.

Karte 2: Deine Gaben, Talente und deine innere »Medizin«, die dich jetzt unterstützt, z.B. Ton 2 – Lunar.
Erkenne, wie wunderbar du mit allen Dualitäten im eigenen Leben umgehen kannst und dass es für deine aktuelle Vision das größte Glück ist, dass du in zwei verschiedene Richtungen denken kannst, und auch, dass du sowohl mit Herz als auch Verstand entscheiden kannst.

Karte 3: Eine Vision, die dich inspiriert und dein jetziges Sein erweitern und bereichern darf.
Zum Beispiel *Gelbe Sonne*: Eine Vision von absoluter Fülle erwartet dich. Du darfst dich endlich annehmen und lieben. In voller Akzeptanz deiner eigenen Licht- und Schattenseiten wird dir deine eigene Vollendung bewusst.

Karte 4: Vision Quest, das, was du jetzt umsetzen darfst.
Zum Beispiel *Blauer Adler*: Mit der *Blauen Adler*-Energie wird es dir gelingen, einen heilsamen Überblick über dich und deine Lebenssituation zu erlangen. Große Träume und Visionen dürfen wahr werden!

6. Maya-Medizinrad

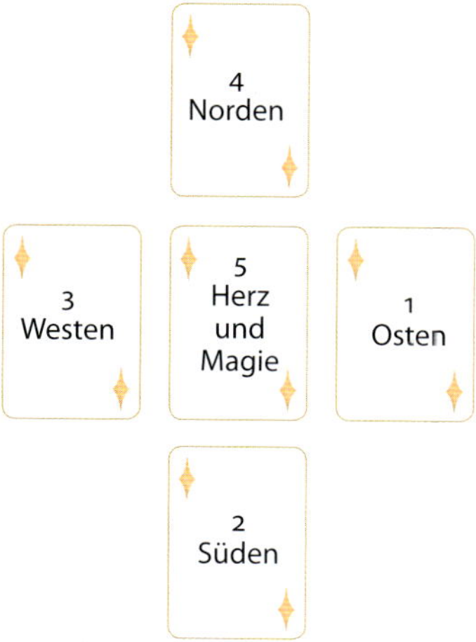

Das Medizinrad-Legesystem ist eine Legung mit fünf Karten, die in einem Rad in den Himmelsrichtungen angeordnet sind, wobei die letzte Karte in die Mitte des Rades gelegt wird. Das Medizinrad ist ein bekanntes spirituelles Motiv der nordamerikanischen Ureinwohner. Medizinräder sind in der Regel steinerne Strukturen bzw. Steine in der Reihe gelegt mit einem äußeren Rad, das durch eine Reihe von Speichen mit einem zentralen Punkt verbunden ist.

Im klassischen Medizinrad steht der Osten für das Spirituelle, die Intuition und innere Ziele, der Süden für die Gefühle, der Westen für innere und äußere Kommunikation und Anpassung, der Norden für das Mentale, die Gedanken und die Vernunft. Und der Punkt in der Mitte steht für die Herzenergie und magische Führung.

Mische die Karten und ziehe intuitiv fünf Karten, die du nach dem Legemuster auf Seite 177 auslegst.

1. Karte: Osten – Initiation (spirituelle Einweihung in die Weisheit des Kosmos) und Kreativer Impuls. Welche Ziele brauchen eine Aktion und all deine Kreativität? Welche Opfer musst du für deine wichtigsten Visionen erbringen? Was will dir deine Intuition gerade sagen?

2. Karte: Süden – Deine Gefühle und Emotionen. Welche inneren Bedürfnisse werden von dir vernachlässigt? Welche Gefühle verdrängst du im Moment? Wie kannst du besser in Verbindung zu deinen Emotionen kommen?

3. Karte: Westen – Deine Kommunikation, Interaktion mit anderen und Anpassung in der Welt. Was darfst du kommunizieren? Mit welchem Umfeld und welchen Menschen solltest du mehr interagieren? In welchem Lebensbereich passt du dich vielleicht zu sehr an?

4. Karte: Norden – Deine Mentalkraft, dein Denken und Geist. Welcher Bereich in deinem Leben braucht mehr Vernunft? Was darfst du mit der Kraft deiner Gedanken erschaffen? Wo hilft es, objektiver an ein Thema heranzugehen?

5. Karte: In der Mitte das Herz und die Magische Führung als individueller Impuls für dich und deine Vision. Vielleicht auch ein Hinweis auf den Kern deiner Berufung und Talente, wenn du mehr über diese erfahren willst.

7. Maya-Pyramide

Ebenso wie das alte Ägypten ist auch die Maya-Zivilisation berühmt für ihre Pyramiden-Architektur. So gibt es in Südamerika große Paläste, Pyramiden und andere öffentliche Gebäude, die zum Teil noch heute erhalten sind. Die Gebäude waren häufig mit Schnitzereien aus der Götterkultur und von Statuen bedeckt, um ihre Götter zu ehren und ihrer Könige zu gedenken. Während einige Maya-Tempel für Rituale genutzt wurden, dienten andere als Grabstätten für Herrscher oder andere Eliteindividuen.

Hierfür kannst du alle Karten aus den Maya-Astro-Cards verwenden. Mache es in dir in einem ruhigen Moment gemütlich, zünde vielleicht ein Räucherwerk oder eine Kerze an. Mische die Karten und breite alle mit der Rückseite nach oben aus (oder füge sie zu einem Stapel zusammen). Konzentriere dich auf eine akute Situation oder drängende Fragestellung in deinem Leben.

Ziehe dann nacheinander verdeckt sieben Karten und lege sie wie folgt aus:

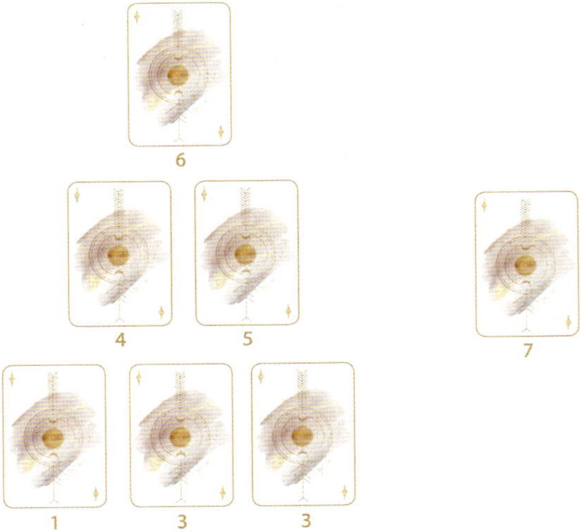

1. **Karte:** Die Vergangenheit, das ist in der Vergangenheit gewesen, diese Lektion oder Erfahrung hast du hinter dir gelassen, vielleicht auch eine Person aus der Vergangenheit oder dein altes Ich diese Karte steht möglicherweise für eine bestandene Lebenslektion.

2. **Karte:** Die Gegenwart, aktuelle Situation und der Ist-Zustand. So ist die gezogene Karte ein Hinweis auf die vorherrschende Energie und das wichtigste Thema zum gegenwärtigen Zeitpunkt.

3. **Karte:** Versteckter Einfluss: Was verbirgt dein Unbewusstes und deine innere Weisheit vor dir? Vielleicht hast du etwas vergessen oder verdrängt, das sich nun in der Energie der gezogenen Karte widerspiegelt.

4. **Karte:** Hindernisse und Probleme. Die Karte ist ein Hinweis auf innere und äußere Blockaden, die dich gerade hindern, dich positiv zu entfalten oder in einer Situation weiterzukommen.

5. **Karte:** Außenwirkung/Einfluss von außen. Vielleicht gibt es einen wichtigen Impuls aus deinem Umfeld, der Außenwelt, der deine aktuelle Situation beeinflusst. Wer oder was könnte das sein?

6. Karte: Aktion. Was du jetzt konkret tun darfst. Die Energie der Aktion, die du jetzt ergreifen darfst, um zu einer Lösung eines Problems oder Erfolg zu kommen.

7. Karte: Ausgang einer Situation: Das wird passieren und vielleicht ist es auch ein Hinweis auf die Hilfe deiner Spirits und des Universums. Diese Karte schenkt einen Hinweis auf eine mögliche zukünftige Tendenz. In diese Richtung kann sich deine Lebenssituation, die Thematik, welche die Legung der Maya-Pyramide betrifft, zukünftig entwickeln.

8. Cosmic Love

Fast jeder hat einen besonderen Menschen im Leben, dessen Verbindung sich magisch und kosmisch anfühlt. Dieser Jemand könnte dein Schwarm sein, jemand, mit der oder dem du online flirtest, jemand, mit der oder dem du schon ein paar Dates hattest oder dein:e feste:r langjährige:r Partner:in. Diese Legung empfiehlt sich zum einen, um eure Kompatibilität zu ermitteln, aber auch, um aktuelle Schwierigkeiten besser zu verstehen.

1. Karte: Wo stehen wir in unserer Verbindung und Beziehung im Moment zueinander?

2. Karte: Was ist die spirituelle Verbindung unserer Beziehung zueinander?

3. Karte: Was könnte unser gemeinsames Ziel in einer Beziehung sein?

4. Karte: Was blockiert unsere Liebe?

5. Karte: Kosmische Liebesbotschaft: Das kann dir für diese Beziehung helfen.

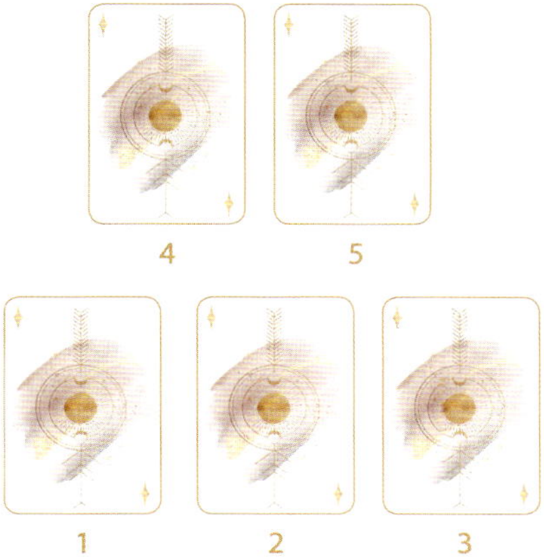

ÜBER DIE AUTORINNEN

Bianca Feddersen
Geboren 1975, Kin 26 – *Weißer Weltenüberbrücker*, Ton 13, Sternzeichen Zwillinge mit Aszendent Wassermann, ist mit 21 Jahren in die Persönlichkeitsentwicklung und bewusste Spiritualität eingetaucht und arbeitet seit 2004 als Maya-Astrologin und Beziehungsexpertin. Ihr Ziel ist es, moderne und lebensnahe Maya-Astrologie zu lehren, um Individualität und dadurch eine bessere Beziehung zu sich selbst in diese Welt zu bringen.

Auf bianca-feddersen.de kannst du alles über ihre Maya-Astrologie Ausbildung und Workshops erfahren. Und wenn du ihr unter @biancafeddersen auf Instagram folgst, bekommst du immer die aktuellen Maya-Zeitqualitäten. Sie lebt in Flensburg.

Tanja Brock

Geboren 1985, Kin 34 – *Weißer Magier*, Ton 8, Sternzeichen Zwillinge mit Aszendent Waage versteht sich als moderne Astrologin. Nach einem Studium der Kunstgeschichte und Geschäftsführung einer Modeboutique schloss sie mehrere psychologische, spirituelle und astrologische Ausbildungen ab. Ihr Ziel ist es, die Weisheitslehre des Kosmos unverstaubt und lebensnah zu vermitteln. Auf tanjabrock.de und @_innerwisdom_ berichtet sie regelmäßig über die aktuelle Zeitqualität. Mit viel Freude schreibt sie über astrologische und spirituelle Themen, berät Menschen zu ihrem Geburtshoroskop und unterrichtet Astrologie. Sie lebt in München.

LITERATURHINWEISE

José Arguelles: Der Maya Faktor, München 1990

Andreas und Johann Kössner: Maya-Literatur und Rechner

www.maya.at

BILDNACHWEIS

Gestaltung der Karten, des Booklets und der Box unter Verwendung von Illustrationen von:

Universe Secrets Illustration Bundle © Cosmic Stories Studio / Creative Market
Schmuckelemente (Karten, Booklet und Cover), Karten: alle Töne, Sonne, Vollmond, Neumond, Sonnenfinsternis, Mondfinsternis

Tribal Fusion Boho Goddess © vgorbash / stock.adobe.com
Vorderseite Box und Booklet

Tribal Fusion Boho Diva © vgorbash / stock.adobe.com
Karte: Roter Drache

Woman with snakes © Martyshova / stock.adobe.com
Karte: Rote Schlange

Bergsilhouette @ DreamDigitalArtist / Pixabay
Karte: Roter Himmelswanderer

Silhouette mystical women © Diana Kovach / stock.adobe.com
Karte: Roter Mond

Goddess of tree © ekosuwandono / stock.adobe.com
Silhouette of girl from branches © nutriaaa / stock.adobe.com
Karte: Rote Erde

Asian magic woman © vgorbash / stock.adobe.com
Karte: Weißer Magier

Wolf in aztec style © Anastasia Fears / stock.adobe.com

Magic and astrological symbols
© Vidoslava / stock.adobe.com
Karte: Weißer Hund

Dance of a girl in a floral ornament
© nutriaaa / stock.adobe.com
Karte: Weißer Wind

Death Moth Moon
© Aphirak / stock.adobe.com
Karte: Weißer Weltenüberbrücker

Eye of Providence
© vgorbash / stock.adobe.com
Karte: Weißer Spiegel

Eagle head front mandala zentangle
© andipermana /stock.adobe.com
Magic Woman & Nature
© Alisovna / Creative Market
Karte: Blauer Adler

Mystical and Astrology objects
© miobuono / stock.adobe.com
Karte: Blaue Hand

Magic woman tattoo art
© intueri /stock.adobe.com
Karte: Blaue Nacht

Textured babboon in aztec style
© Anastasia Fears /stock.adobe.com
Karte: Blauer Affe

Dark hole in space
© ekosuwandono /stock.adobe.com
Karte: Blauer Sturm

Eagle head
© andipermana /stock.adobe.com
Karte: Blauer Adler

Portrait of beautiful woman with flowers © intueri /stock.adobe.com
Karte: Gelber Samen

Female shaman portrait
© shik_shik /stock.adobe.com
Karte: Gelber Krieger

Girl © Martyshova / stock.adobe.com
Karte: Gelber Mensch

Celestial goddesses
© Kirill / stock.adobe.com
Karte: Gelber Stern

Sun and Triple moon pagan Wicca moon goddess
© vgorbash / stock.adobe.com
Karte: Gelbe Sonne

Fire © ekosuwardono / stock.adobe.com; Flakon © chikovnaya / stock.adobe.com
Karte: Wurzelrasse gelb

Gates of the universe
© ekosuwandono / stock.adobe.com
Karte: Portaltag

Minimalist thin lined sun and wave
© paul_craft / stock.adobe.com
Karte: Welle

Grafische Übersicht Tzolkin: B. Feddersen, Glyphen: © stock.adobe.com

Portrait T. Brock © Tamara Strawe: S. 185

Portrait B. Feddersen © privat: S. 184

1	21	41	61	81	101	121	141	161	181	201	221	241
2	22	42	62	82	102	122	142	162	182	202	222	242
3	23	43	63	83	103	123	143	163	183	203	223	243
4	24	44	64	84	104	124	144	164	184	204	224	244
5	25	45	65	85	105	125	145	165	185	205	225	245
6	26	46	66	86	106	126	146	166	186	206	226	246
7	27	47	67	87	107	127	147	167	187	207	227	247
8	28	48	68	88	108	128	148	168	188	208	228	248
9	29	49	69	89	109	129	149	169	189	209	229	249

	31	51	71	91	111	131	151	171	191	211	231	251
12	32	52	72	92	112	132	152	172	192	212	232	252
13	33	53	73	93	113	133	153	173	193	213	233	253
14	34	54	74	94	114	134	154	174	194	214	234	254
15	35	55	75	95	115	135	155	175	195	215	235	255
16	36	56	76	96	116	136	156	176	196	216	236	256
17	37	57	77	97	117	137	157	177	197	217	237	257
18	38	58	78	98	118	138	158	178	198	218	238	258
19	39	59	79	99	119	139	159	179	199	219	239	259
20	40	60	80	100	120	140	160	180	200	220	240	260